有趣的50个考古话题

张文娟 著

商务印书馆国际有限公司
中国·北京

图书在版编目（CIP）数据

有趣的 50 个考古话题 / 张文娟著 . -- 北京 : 商务印书馆国际有限公司 , 2024.3
ISBN 978-7-5176-1054-0

Ⅰ . ①有…　Ⅱ . ①张…　Ⅲ . ①考古学—研究—中国　Ⅳ . ① K870.4

中国国家版本馆 CIP 数据核字（2024）第 009874 号

YOUQU DE 50 GE KAOGU HUATI
有趣的 50 个考古话题

著　　者　张文娟
出版发行　商务印书馆国际有限公司
地　　址　北京市朝阳区吉庆里 14 号楼
　　　　　　佳汇国际中心 A 座 12 层
邮　　编　100020
电　　话　010-65592876（编校部）
　　　　　　010-65598498（市场营销部）
网　　址　www.cpi1993.com
印　　刷　三河市紫恒印装有限公司
开　　本　850mm × 1168mm　1/32
字　　数　170 千字
印　　张　9
版　　次　2024 年 3 月第 1 版第 1 次印刷
书　　号　ISBN 978-7-5176-1054-0
定　　价　39.00 元

目录

CONTENTS

01 古人类的起源

地球大约有45亿年的历史，猿类在地球上存活了上千万年，而真正意义上的人类，最多只有300万年左右的历史。从古至今，人类从未停止过研究自身的起源问题，女娲造人、上帝造人等等，都是妇孺皆知的神话传说。中国考古学诞生后，经过百年来的考古发掘，我们发现了一些人类始祖生活的遗迹、遗物，让我们对远古人类的生存发展有了更直观的认识。人们开始逐渐揭开人类起源之谜。

研究发现，从最古老的猿进化到现代人，大约经历了3000万年的时间。而最早的灵长类、最早的猿类、腊玛古猿和南方古猿，都起源于中国。并且，从腊玛古猿开始，中国南方地区就是原始人类的聚集地。

气候和地理的巨大变化，为人类起源于中国提供了强大的支撑。距今3.2亿年到2.3亿年，地球处于第三纪冰川期。距今2.3亿年到1200万年之间，地球处于温暖期；距今2亿年到7000万年之间，恐龙飞速繁衍生息，并主宰了世界。

大约6500万年前，恐龙灭绝，哺乳动物的时代来临，逐渐进化出高等灵长类。大约距今3300万年到1800万年，猿类产生并迅速发展成种群，逐渐遍布亚欧大陆。有一群古猿，通体都是毛，用前肢攀着树枝活动，体质特征上界于猿类与人类之间，是类人猿和人类的共同祖先，我们称之为“森林古猿”。

“正在形成中的人”——腊玛古猿，主要生存于距今1500万年到700万年前的热带或亚热带的森林地带，我们将这类古猿称为“禄丰古猿”（发现于云南省禄丰县）和“开远古猿”（发现于云南省开远县）。

随着冰期的到来，地球气候变化巨大，冷暖交替出现，沧海变桑田，原来郁郁葱葱的森林不见了。环境的急剧变化使一部分古猿被自然环境淘汰，而适应能力强的勇敢地走出了森林，成群地来到林间草地上，开始了新的生活。

新的生活环境和生活方式，使古猿的身体结构发生了质的变化，前后肢逐渐有了明确的分工。前肢更多地用来抓握工具，后肢用于支撑身体和行走。古猿的直立行走，是从猿到人的进化过程中，具有决定意义的一步。

在长期的劳动中，走出森林的古猿逐渐形成了可以用于交流的“语言”，这就促使了真正意义上的语言的产生以及大脑的进化。同时，经过长期的实践总结，古猿学会了使用树枝、石头等工具，甚至是打制粗糙的石器，把树枝砍成合适的木棒，并将这些作为防御武器或者觅食的工具。石器、木棒等工具的制造，是从猿到人进化过程中的巨大飞跃，是人类诞生的标志。

根据人类分子学研究的成果，人和猿的分界线，发生于距今600万年到500万年之间。这个时间段正好是地球温度极热期的晚期，这说明，这个阶段的类人猿已经形成了一个新的物种。

距今500万年左右，地球又进入温暖期，生态环境优良，类人猿借此良机形成了种群优势，遍布亚、非、欧等各大洲适于生活的地区。

在距今300万年到200万年之间，青藏高原隆起，成为世界屋脊，它与第四纪冰期一起，在古猿进化的过程中，扮演着至关重要的角色。正是外界环境的突变，才影响到古人类的进化，迫使类人猿逐渐进化为真正意义上的人。

在中国，青藏高原隆起，阻挡了冬季寒流的南下、夏季暖湿气流的北上，在这里形成了一个非常理想的环境，特别有利于古猿的持续进化，最终进化成智人。

那些没有得到青藏高原庇护的地区，随着寒冷气候的侵袭，古猿的进化可能就被迫中断了。在青藏高原以西、大西洋以东的广大地区，土地沙漠化迅速发展，这里的类人猿只有逃离和消亡两种选择。而冰期则对类人猿或者已经形成的古人类进行了“大裁员”，冻死或者饿死者，不计其数。

在这一漫长的古猿进化过程中，直立行走发挥了重要作用，它让手脚分化进而实现手脚分工，为猿脑进化成人脑提供了条件，让猿脸变成人脸成为了历史的必然。

脑的进化速度，与环境、生活条件有关。适宜的温度环境、优良的生态环境、食用熟食、人体及大脑进化所需的微量元素的摄入等等，都很关键，这些东西都是由地理环境提供的。

中国的南方地区，正好是类人猿生活和进化的最佳地区。

那么中国北方为什么会有古人类呢？那是因为古人类在第四纪冰川期内，利用间冰期把生活圈向北推进，公王岭的蓝田人生活于约 80 万年至 75 万年之前，他们利用距今 90 万年至 80 万年前的间冰期，迁徙到秦岭以北的蓝田地区。

大约在距今 200 万年前的时期，亚洲其他地区、欧洲的古人类，基本是从中国迁移过去的，古猿到人猿有各自的进化史。由于受沙漠带的限制，在成为智人之前，中国古人类没有进入非洲，在成为智人后，并具有越过沙漠的能力之后，中国古人类才挺进非洲。

除此之外，“古人类起源于中国”的论断，也有古猿化石作为实证支撑。

亚洲德氏猴是最早的真灵长类，大约生活于 5500 万年前，是人类和猴子的远古近亲，代表了一个新的种属。其化石发现于湖南省衡东县，这个化石所保存的特征，说明灵长类的起源地在中国。

中华曙猿是一类体形很小的灵长类，生活于 4500 万年前，其化石发现于江苏溧阳上黄镇。在已知的高级灵长类动物中，中华曙猿是最早的一种。“曙猿”这一名字可以理解为“类人猿亚目黎明时的曙光”，这意味着，中国是高等灵长类的起源地。有人据此提出人类起源于中国的论断。有些学者对此持反对意见，因为中华曙猿属于低等灵长类，是无法进化成高级灵长类的。更何况，只有中华曙猿一种化石材料作为立论依据也是不成立的。

1996 年，中国科学家在陕西省垣曲县发现了世纪曙猿，距今 4000 万年。

第二年，也就是 1997 年，缅甸的古猿化石被法国古生物学家发现，这批化石材料被命名为“邦塘巴黑尼亚猿化石”。法国古生物学家在这一发现的基础上，提出了一个大胆的假设：古人类是在亚洲起源的。邦塘巴黑尼亚猿大概与世纪曙猿生活在同一个时期，比中华曙猿的生存年代略晚。我们可以据此推断，大约距今 4000 万年前左右，有类人猿从亚洲出发，移民到了非洲大陆，而不是非洲的类人猿移民到亚洲。

2008 年 11 月，由法国古生物学家牵头组建的联合考察小组，在缅甸找到了邦塘巴黑尼亚猿的下颌骨，科学家们由此断定，缅甸发现的邦塘巴黑尼亚猿化石，确实是一种类人猿。这说明，历史上第一批类人猿在数千万年前就在亚洲地区。

生活于 2300 万年至 1000 万年前的森林古猿，其化石最早于 1856 年在法国发现，后来在亚非欧地区陆续都有发现。森林古猿是林栖动物，是人类和类人猿的共同祖先，它是古猿遍布亚、非、欧等大洲的有力证据。

腊玛古猿和南方古猿化石，集中在中国云南地区被发现，距今大约为1500万年到400万年。恩格斯称腊玛古猿为“正在形成中的人”，它是人类从猿中分化出来的第一阶段；人科动物中一个已灭绝的属——南方古猿，是正在形成中的人的晚期代表。这两种古猿化石的发现，为远古人类起源于中国的论断，提供了又一力证。

中国的古人类进化顺序是完整的、连续的，生活在中国的古猿完成了一个完整的进化过程，包括直立人、早期智人、晚期智人等各个环节。距今约250万年至200万年的湖北建始人化石，表明中国古人类存在一个迁移过程，即先从南方地区迁到中原地区，再从中原地区迁到北方地区。1927年发现的北京周口店龙骨山的北京人，距今约70万年至20万年，他们手脚分工明显，能够制造和使用工具，明显地揭示了从猿到现代人转化的中间状态。

此外，距今约214万年至201万年的巫山人化石、约180万年的西侯度人化石、约170万年的元谋人化石、约100多万年的郧县人化石、约80万年至75万年的公王岭蓝田人化石等等，都是在我国发现的古人类各个发展阶段的化石资料和实物资料。

在我国，同一个地区的古人类自成系列，比如在北京房山周口店镇，距今70万年至20万年前之间，北京人在此地生活；距今10万年前左右，新洞人住在此地；距今4.2万年至3.85万年前，生活在此地的是田园洞人；距今3.4万年至2.7万年前，在此居住的是山顶洞人。

同一地区的古文化也是连续发展的，在渭水流域、豫西和晋南地区，存在着一个这样的新石器时代文化发展序列：最早的是老官台文化，其次是仰韶文化，然后是庙底沟二期文化，最后是与陶寺类型、客省庄二期文化同时期的新石器时代末期文化。在黄河下游地区，新石器时代文化先后经历了四个发展阶段：先是后李文化，再是北辛文化，然后是大汶口文化，最后是山东龙山文化。

02 “北京人”头盖骨化石

1929年12月2日是一个特殊的日子。这一天，我国著名学者裴文中在北京市周口店镇发现了一个完整的头盖骨化石，这在古人类学研究史上，是一项重大发现，震惊了全世界，改写了多项学术界已有认知。随着考古发掘工作的推进，“北京人”头盖骨化石以及其他遗迹遗物相继面世。

在北京西郊房山周口店镇有一座普通的小山，人称“龙骨山”，延续了数十万年的“北京人”就是在此地的山洞里生活。近代以来，洞穴和裂隙的砂土中常常会露出化石，被来到此地的采石工人或者农民捡到，这些化石被误认为是龙骨，并被他们卖到中药铺。

1921年，人们在龙骨山上找到了闻名于世的“北京人”遗址的痕迹。

1923年，奥地利籍学者师丹斯基在龙骨山开展了小规模的发掘活动，此次发掘发现了两枚古老的人牙化石。

1927年春天，周口店大规模考古发掘活动正式开始，由瑞典学者步林和中国学者李捷主持发掘，前者是一名生物学家，后者是中国著名的地质学家。就在发掘工作结束前的第三天，工作人员发现了一枚保存状态极好的牙齿化石。解剖学家步达生与步林等专家学者经过深入研究，据此提出“中国猿人北京种”的论断。这是一个古人类的新种属，简称“北京人”。这一新种属的命名，亟待更多的化石材料去证明。

从1929年起，裴文中负责主持“北京人”遗址的发掘工作。12月2日下午4点，“北京人”头盖骨化石在这一刻与世人见面了，它沉睡在山洞的底部，位于坚硬的石灰质层的下方。裴文中当时就认为：化石是猿人的头盖骨。

地质所的专家经过研讨后，一致认为：来自周口店的“北京人”头盖骨化石是猿人的头盖骨化石，非常完整，属于“前古之人类”，距今年代达到50万年以上……

对于当时的科学界来说，“北京人”头盖骨化石犹如平地一声惊雷，震惊了所有人。研究发现，“北京人”的脑量介于猿和现代人之间，平均为1043立方厘米；头盖骨的厚度大约是现代人的两倍；头部体现的原始性质与印度尼西亚的“爪哇人”类似，他们同属直立人发展阶段。

1930年秋，裴文中又在属于“北京人”那个洞穴的东北角，惊奇地发现了“北京人”用火的痕迹。经检验并与世界其他地区史前遗迹对比，“北京人”用火的时间是最早的，人类用火的历史因为这一发现而向前推进了几十万年。

随后的考古发掘中，出土了很多石制品、骨角器等遗物和用火遗迹。这说明“北京人”以洞穴为家，过着群居的生活，具有制造、使用石器工具的本领，能组织起来进行狩猎和从事采集活动。

“北京人”头盖骨化石的发现，证明中国人的祖先是独立起源发展的，并不是从欧洲迁移过来的。在学术界，“北京人”头盖骨化石的出土，石器工具和用火遗迹的发现，不仅平息了关于尼安德特人、爪哇人、海德堡人的争论，确定了“猿人阶段”的存在，更使学术界广泛接受了直立人的存在。在此基础上，古人类进化顺序得以确定，以实物资料证明了“古人类是由猿进化而来的”。

“北京人”头盖骨化石的发现，拉开了人类认识自己的序幕。在周口店的北京人遗址出土资料的基础上，我们可以研究人类的起源与发展，分析数十万年前的古人类的生活面貌、社会发展情况、地理环境等等。“北京人”头盖骨化石使周口店“北京人”遗址成为世界人类学的宝库和人类文明进步的摇篮。

《中央地质调查所检送“北京人”化石被美国劫走经过及有关报告》一文记载：1927年以来出土的“北京人”化石，都由北京协和医院妥善保管，院方将这些化石材料存放在解剖系的保险柜内。如此重要的“北京人”头盖骨化石又是如何丢失的？这与当时的国内外环境有关。

1941年，随着北平（现北京）形势、国际形势的恶化，外国侨民撤离，新生代研究室也随之解散。以“北京人”头盖骨为代表的珍贵化石材料都有重大学术价值和历史意义，它们应该怎么办？地质所的工作人员最终拟定了这样的方案：将“北京人”头盖骨化石和一些珍贵的化石一起送到美国纽约自然历史博物馆，委托其代为保管，待战争结束后再将这批化石材料运回中国。

这个方案随即上报著名地质学家翁文灏先生，他当时任职经济部长，是北平地质调查所的前所长。由于“北京人”头盖骨化石运出国门一事关系重大，翁文灏向蒋介石报告，蒋最终决定：同意将珍贵化石材料暂存美国，待战争结束后美方必须将化石如数交还中国。

1941 年 8 月，国民政府派翁文灏代表中国与美国驻华大使詹森协商，请他负责将收藏在北平协和医学院的“北京猿人”等珍贵化石材料取出来，暂时运往美国存放；同年 11 月底，将重要化石装箱的通知下发到协和医学院。地质所工作人员把每块化石都包装起来，编号造册，装成两箱。工作人员把做了标识的包装箱上交到总务处，它们被安排在地下室的保险箱中暂存。第二天，北平美国公使馆就收到了这两箱珍贵的化石材料。

12 月初，我国古人类学家胡承志接到命令，将包括 5 个最完整头盖骨化石的“北京人”，仔细包装在两个大木箱里，移交给即将撤离北平的美国海军陆战队。12 月 5 日，该部队乘坐专列驶往秦皇岛，计划乘坐 3 日后抵达秦皇岛的“哈里逊总统”号返美。

12 月 8 日，太平洋战争爆发，原定当日抵达港口的“哈里逊总统”号邮轮，在驶进我国黄海时遭日军阻拦，最终未能驶往秦皇岛港口。乘坐该邮轮的美国海军陆战队，成了日军的俘虏。

1942 年 8 月 23 日，“北京人”头盖骨化石失踪的事情最先在英文版的《北京实事日报》上刊登，这一消息在各国人民中间引起了极大的震动。但是，一直到二战结束前后，当时的中华民国政府代表团在接受美军总部移交在日本占领期间被日本掠夺的物品中，都没有发现“北京人”头盖骨化石。

它们究竟去了哪里？各界人士对此有多种推测，众说纷纭，莫衷一是。

有人认为“北京人”头盖骨化石有可能被毁坏。胡承志是最后一个见到包含“北京人”头盖骨化石材料的人，他认为这批化石材料包装了 6 层，非常仔细，就算是仅从包装的精细程度来看，任何一个日本兵看到后都会重视起来，必然会上报。但是，二战非常残酷，如果是金银珠宝、书画、青铜器等众所周知的贵重物件，肯定能保存下来，但像“北京人”头盖骨这类人骨，如无一定的常识，就很难识别。

贾兰坡被学术界尊称为“‘北京人’之父”，他的学生陈淳教授经过深入研究后，认为包含“北京人”头盖骨在内的那批运往美国的化石材料极有可能毁于战火，寻找到化石的希望太渺茫。更何况，连护送化石的美国海军陆战队都被俘虏，逃命都来不及，谁还能顾及化石呢？

还有人认为化石埋在日坛公园的一棵松树下。这种说法有日本老兵的回忆录为证。1996 年 5 月，中国科学院地球物理研究所（现中国科学院地质与地球物理研究所）对这个所谓的埋藏区进行多次探测，最终决定于 6 月 3 日上午进行发掘。

但是，专家在挖了 2 米多深后都没有发现任何埋藏物，被挖出来的土也没有被翻动过的痕迹，往下再挖，都是细黄砂岩。扩大挖掘范围后，还是没有任何收获。现场专家一致认为，在物探过程中出现的异常现象，是因为地下含有大量灰白色钙质结核层，并不是埋藏物造成的，所以此次发掘活动到此结束。

1972 年，美国总统尼克松访华，给中国政府带来了一个绝密消息，那就是“北京人”头盖骨化石的下落——美方代表团直指日本沉船“阿波丸”号。

据了解，建造于 20 世纪 40 年代的“阿波丸”号是日本的远洋邮轮。1945 年 3 月 28 日，日本军队征用“阿波丸”号，目的是将从东南亚撤退的日本军政要员运送回国。4 月 1 日，行进到福建牛山岛以东海域的“阿波丸”号遭到美军潜艇的袭击，迅速沉没。

1977 年，中国政府组织打捞“阿波丸”号沉船。但是，当时的潜水技术非常有限，只能进行初步打捞。此次发现了 3000 吨锡锭、伪满洲国政要郑禹的官印、圆砚等物品，并没有“北京人”头盖骨化石。从这次打捞结果来看，“阿波丸”号上确实有来自中国北方的重要文物，那么，“北京人”头盖骨化石也是有在“阿波丸”号上的可能性的。

有学者认为，“北京人”头盖骨化石应该丢失在“哈里逊总统”号上，因为该船负责运送这批珍贵化石材料。但是，“哈里逊总统”号半途被日军在东长江口附近击沉，并没有按计划行驶到目的地秦皇岛港。

有关资料显示，“北京人”头盖骨化石有可能在日本轮船“里斯本丸”号上。日方将英国被俘人员、大量奇珍异宝以及本国士兵，都安排到“里斯本丸”号上，计划运往日本。1942 年 10 月 2 日凌晨，当“里斯本丸”号行驶到舟山附近海域时被击沉，船上所有人员、物品全部沉入海底。事发后，有 384 名英国官兵被附近渔民所救。这些被俘的英国人称，“北京人”头盖骨化石也随着“里斯本丸”号一起沉入海底。

20 世纪 80 年代，美国人类学家夏皮罗出版了一部专著——《北京人》，书中披露，有一位原海军陆战队的军人表示，“北京人”头盖骨化石几经周折被运到驻天津的美国海军陆战队兵营，美军把它们藏在了 6 号楼地下室，封在了室内木板的下面。然而，时隔 80 多年，军营几经易主，在唐山大地震中被震塌的 6 号楼，连地基都被挖开了，也没找到“北京人”头盖骨化石的踪影。

“北京人”头盖骨化石的失踪，是一个波及全球的重大事件。揭开“北京人”失踪之谜，是中国乃至全世界关心人类发展和学术进步的人们的共同愿望。

03 水稻的栽培

在我国，水稻是中国最早的栽培作物之一，以稻为主要栽培作物的农业，称为“水稻种植业”，它有籼稻和粳稻两个亚种。中国科学院院士、农业科学家丁颖就曾明确指出，籼稻、粳稻同属一个祖先，籼稻是基本型，粳稻是变异型，它们的分化是由栽培地带的温度变化引起的。

由野生稻演化而来的水稻，在我国已有数千年的栽培史。

经过多年来的考古发掘，工作人员在古文化遗址中发现了很多水稻种植业遗存。研究发现，这些水稻种植业遗存可以分为三类，它们有的是野生稻，有的是籼稻和粳稻。基于这些考古发现，围绕水稻种植业起源问题的课题，很多学者都做过深入研究。

年代最早的稻谷遗址发现地位于湖南道县，学术界称之为“玉蟾岩遗址”，距今约有 10000 年的历史。研究发现，玉蟾岩遗址出土的水稻遗存有两种，一种是普通野生稻，另外一种是兼有粳稻和籼稻特征的栽培稻。其中，有两枚野生稻的特征表明，生活在玉蟾岩遗址的古人已经初步干预野生稻的生长发育。此外，还有两枚稻谷具有野生稻、籼稻、粳稻三种水稻的综合特征。这说明，上述水稻遗存是一种最原始的古栽培稻，一般在野生稻向栽培稻演化的过程中出现。

在江西万年，考古工作者发现了一个古文化遗址，学术界将之命名为“仙人洞与吊桶环遗址”。它是一个从旧石器时代延续到新石器时代的文化遗址，新石器时代地层大致结束于9000年前。工作人员在这个遗址发现了古栽培稻与野生稻遗存，还有与原始农业相关的人类文化遗物。

结合植物硅酸体分析和花粉分析的研究结果，我们会发现，生活在仙人洞与吊桶环遗址的古代先民，在成千上万年的漫长岁月中，先是采集野生稻补充食物资源，后在采集经验积累的基础上，慢慢学会了栽培水稻。在距今12000年前后的旧石器时代晚期，人们采集野生稻，并以此作为主要的食物来源。随着采集经验的积累和对野生稻认识的进步，古代先民开始栽培水稻，后来甚至取代野生稻，这种做法丰富了当地先民的食物资源。而这种种植模式的普及，则使栽培水稻在未来成为主流，生活在中国南方地区的古代人才得以开启农业文明。

我国栽培水稻发生的时间可以追溯到距今10000年前后。史前时期种植水稻的遗存数量多，跨越时代长，分布范围广，野生稻资源同样也很丰富。时代愈晚，发现的遗址数量愈多。据统计，还有众多考古发现的稻谷遗存也能说明我国原始水稻种植业的发展情况，比如：

广东英德牛栏洞遗址出土的水稻硅酸体遗存，经过测定，是还没有分化的原始稻。

在湖南澧县彭头山遗址的西北古河道的黑色淤泥中，考古工作人员经过拣选和浮选，得到近 1.5 万粒稻谷和稻米。研究发现，它们与现代的籼稻和粳稻都有所不同，也不是野生稻。

在河南舞阳贾湖遗址，工作人员发现许多炭化稻类籽实，有的还有稻壳印痕，年代距今约 9000 年至 7500 年。经鉴定，贾湖遗址出土的稻谷遗存，绝大部分是粳稻，占比 74.4%，小部分为籼稻，占比 23.3%，仅有一粒野生稻。

浙江余姚河姆渡遗址出土的水稻种植业的遗存极其丰富，考古工作人员发现了大量的稻谷、稻秆、稻叶，有的地方堆积厚度高达 20—50 厘米。该遗址出土的谷壳和稻叶保存完好，有的稻叶色泽如新、叶脉清楚，有的甚至能清楚地看到颖壳上的稃毛。经过浙江农业大学的鉴定，河姆渡遗址出土的稻谷遗存是栽培稻籼亚种晚稻型水稻。

在上海青浦遗址，考古工作者发现有稻谷及水稻的茎、叶等。经鉴定，青浦遗址出土稻谷遗存为籼稻。

在江苏苏州草鞋山遗址，考古工作者发现了疑是粳稻和籼稻的炭化谷粒。著名教育科研工作者游修龄经研究后，明确指出，早在 7000 年前，我们已有形似籼稻和形似粳稻的水稻种植标准，这种情况在太湖地区尤为突出，这表明，栽培稻可以分化为籼稻和粳稻两个亚种，是极早的事情。

在浙江桐乡罗家角遗址中，考古工作人员发现了籼稻和粳稻两种水稻。

在浙江湖州钱山漾遗址，考古工作人员发现了稻谷和米粒，有些陶片上还有与古代水稻种植业有关的压痕。经鉴定，以上种种都是水稻。

在浙江杭州水田畈遗址，考古工作人员发现了大量的炭化稻谷。

…………

从已有考古发掘资料来看，水稻种植业遗存大多分布在长江中下游和杭州湾地区。虽然在华南和云贵高原地区也有发现，但它们的年代都比较晚，这是因为华南和云贵高原地处热带和亚热带地区，自然环境条件非常优越，在供求平衡甚至是供大于求的情况下，生活在这些地区的古代先民就不会开发新的食物来源。所以，华南和云贵高原地区不会成为我国水稻种植业的起源地。

对于水稻种植业的起源问题这一研究课题，众多国内外的学者做过很多研究，结论五花八门。目前学术界主要流行四种学说，即："印度起源说"、"云南起源说"、"华南起源说"、"长江中下游地区起源说"。前三种观点是根据野生稻分布的中心地区形成的论断，第四种观点是基于野生稻分布的边缘地区形成的论断。当然，所有关于水稻种植业起源问题的研究，都要经得起考古发掘资料的论证。

20 世纪，一些苏联农学家对水稻起源问题做了一个大胆的猜测，他们认为中国的水稻来源于印度，并把在印度发现的距今5000年左右的水稻遗迹，视为世界水稻种植业的起源地，学术界将这种学说称为“印度起源说”。时至今日，我国数量众多的与水稻种植业有关的遗迹遗物证明，“印度起源说”是一种错误的学说。

在我国目前的考古发现中，至今尚未在云贵高原地区发现公元前3000年以前的水稻种植业的农业遗存，而长江中下游地区的古文化遗址中出土的水稻种植业遗存，有的可以早到10000年前，并且数量还特别多。所以，中国的水稻种植业不可能起源于云贵高原地区。

当然，还有一部分学者提出了“华南起源说”，主要依据是生存于华南地区的野生稻非常丰富。众所周知，华南地区的生态环境极其优越，野生食物资源十分丰富，这对于当地的居民来说，寻找新的食物来源就没有那么迫切了。并且，已有考古资料也不支持“华南起源说”。

中国的水稻种植业起源于哪个地方呢？笔者支持“长江中下游地区起源说”。这个观点是经得起考验的，它得到了地下考古发掘资料和地上文献记载的双重论证。

1979年，中国农业博物馆研究员闵宗殿经过深入研究后，认为中国栽培水稻的起源地在长江下游地区，这一论断在国内尚属首次提出。随后，北京大学考古学教授严文明进一步论证了以长江下游为中心的水稻种植业波浪式传播过程，随着考古发掘资料的增多，他又提出了“边缘起源论”，认为玉蟾岩等遗址正是我国水稻种植业起源的理想地区。而中国社会科学院考古研究所研究员朱乃诚认为中国水稻的起源模式是“中心起源、边缘发展”。这句话的大意是这样的：大约在距今12000年前后，在中国南方地区的腹心地带，栽培稻开始出现；在距今9000年前后的钱塘江流域和两湖平原地区，水稻种植业得到初步发展，并逐步向北方的淮河流域推进。

随着时间的推移，“长江中下游地区起源说”得到越来越多的考古发掘资料的证实，这种说法逐渐为学术界所认可。

从中国稻谷种植的历程来看，普通野生稻广泛生长于华南地区，为当时当地的居民提供了天然谷类食物。经过长期的观察积累经验，古人逐渐认识到野生稻的生长规律，并根据这种认识，结合气候的变化，对野生稻的生长情况进行干预。到后期，古人加大了对野生稻的干预力度，有的甚至会摸索着种植野生稻，当然，这一时期的古人由于种种局限性，种植并不成功。当历史推进到12000年前，这时的水稻种子经历了成百上千次的人工选择和培育，从根本上改变了野生稻的特性，出现了真正意义上的原始栽培稻。

04 小米的起源

在古代中国，小米通常称为“粟”，又称为“稷”或“糜子”，主要在北方种植。考古工作者曾在北方各个时代的古文化遗址中，发现了大量的小米，小米成为当时当地的主要农作物，而中国北方地区形成的旱作农业是以小米为主要栽培作物的。夏商周时期，小米在北方地区仍然是占据首位的粮食作物。数千年来，小米受到历代统治者的重视，以至于人们常用“社稷”作为国家的代名词。

从食用价值来讲，小米有很高的营养价值，其所含的蛋白质、维生素、脂肪等成分，是非常丰富的，人们常常用它酿酒、酿醋。现代社会流行的五粮液等白酒、山西陈醋，甚至是有些黄酒，酿制的主要原料都是小米。

在我国，小米发现于北方地区的新石器时代遗址中。这里的新石器时代指的是以使用磨制石器为主的一个历史阶段，农牧业逐渐兴盛，它大致开始于 12000 年前，随着公元前 2070 年夏朝的建立而终结。

很多北方地区的古文化遗址中都有小米的遗迹遗物，限于篇幅，本文仅举数例。

1931年，在山西万泉荆村瓦渣斜遗址，考古工作人员发现了小米的存在，当时称之为“黍稷及黍稷之皮壳”，这是我国最早发现的小米实物资料。遗憾的是，由于地层混乱，无法明确该遗址的具体年代。

随着时间的推移和考古发掘技术的进步，地下出土的文物资料越来越多，考古发现的小米的遗迹遗物同样愈来愈多。在河北保定南庄头遗址，工作人员发现了一些谷物加工工具，比如石磨盘、石磨棒、凿孔木棒等石器，距今年代大约为公元前10000年至公元前8700年。根据学者的研究成果，这些工具与早期旱作农业有关。

在北京门头沟东胡林人遗址，工作人员发现了石磨盘、石磨棒等文化遗物，还有5处烧火灶的遗址，年代约为公元前8300年至公元前8000年。孢粉分析结果显示，在东胡林人遗址的存续期内，气温大幅上升，气候适宜，植被茂盛，东胡林人就是在这样的自然环境下，从事采集狩猎活动，以维持生计。

北京怀柔转年遗址出土了少量的磨制石斧、磨盘、磨棒，还有硬度较低的石容器等。前者必然与农业生产相关，后者可能是转年人用来捣制食物的捣研器。这说明，转年人过着以采集狩猎经济为主的生活。

同样，在黄河上游地区的马家窑文化遗址中，工作人员发现了小米等农作物遗存。如在甘肃东乡林家遗址出土小米、大麻籽等，在19号窖穴发现捆成小把的谷穗；1974—1975年发掘的青海柳湾墓地，工作人员在半数以上的墓葬中发现了装有小米的粗陶瓮。此外，在甘肃永昌鸳鸯池等遗址中也发现有小米的遗迹遗物。

在黄河中游地区，著名的老官台文化、裴李岗文化、磁山文化等古文化中，都曾出土过小米的遗迹遗物。如在河北磁山文化的345座窖穴中，有80座窖穴残留有炭化小米，一般堆积厚度大约为0.2—0.3米，个别厚度达到2米以上，这就相当于10万多斤新鲜的小米。

当古文化发展到仰韶文化时期，小米的种植更加普遍。工作人员仅在半坡遗址的一个窖穴中，就发现了大量的保存完好的小米。

在黄河下游地区的山东龙山文化等新石器时代文化遗址中，都可以发现小米的遗迹遗物。如在山东三里河属于大汶口文化晚期的窖穴中发现1立方米的小米。江苏邳县大墩子遗址，发现了炭化小米，文化属性上归属于北辛文化。在早于北辛文化的后李文化中，虽然没有发现农作物遗存，但出土了一些谷物加工工具，如石磨盘、石磨棒，且其文化发展水平与河北地区的磁山文化等古文化相当，而磁山文化出土了大量的炭化小米。这表明，山东地区的后李文化已经有了农业，北辛人应当种植了小米。

在东北地区，已知最早的小米的遗迹遗物，发现于沈阳新乐遗址。当然，在稍晚的红山文化中也有小米的存在。

我们会发现，随着古文化的发展，时代越晚，小米的种植范围就越大，小米的遗迹遗物就越多。

在我国广大的北方地区，有如此多的古文化遗址出土了小米的遗迹遗物，它们的存在，足以说明小米的起源问题。

从生物学上来看，小米的野生祖本是狗尾草，文献中称之为“莠”。野生狗尾草广泛分布于黄河流域和北方黄土高原地区，容易与小米杂交，形成一种新的作物，农作物中常见的莠子，就是小米和狗尾巴草杂交后形成的后代。

欧洲发现的最早的小米，年代为公元前3000年。西亚、中美洲等地，至今尚未发现有关小米的遗迹遗物。从小米的出现时间来看，我国黄河流域出土的小米遗存，迄今为止在全球范围内是最古老的，它还是通过栽培流传下来的。当今学术界已经认可了小米起源于中国黄河流域的事实。

黄河流域地处北温带，气候适宜，土地结构松软，是栽培作物的理想之地，这为小米的起源与培植提供了最基本的前提条件。与这种生态环境相适应，耐干旱、易生长的小米成为古人驯化的首选目标。小米在我国的出现时间也是非常早的。随着时间的推移，黄河流域产生了以种植小米为主的旱地种植业，这种模式逐渐扩张，最终形成了发达的古文明遗址。

生活在我国北方地区的先民，是在采集经验积累的基础上，从野草中驯化出农作物的。农作物在被驯化前，必然与其他植物为争夺营养物质，发生激烈的物竞天择的斗争。经过磨合，双方达到平衡，应该都能获得符合自身特点的发展空间。所以，那些能够被驯化的农作物祖本生存的地方，没有足够的营养和阳光，没有大型树木，却还称得上“草木繁多”。只有这些地区才是野草的“家”，是可以驯化的植物生存的地方。

不少学者对此做过深入研究，黄其煦就曾将这种发展模式总结为：“农业的奇迹很可能就是在林地边缘杂草地中发生的。根据野草的原生地多在贫瘠地区这一事实，可以推测：农业最初并不是发生在‘适于’农耕的地点，而是相对来讲环境更恶劣一些，从现代眼光来看，‘不大适于’农耕的地方。”

基于上述结论，朱乃诚推测：在距今 10000 年前后，在燕山南麓与太行山附近山谷平原地带，栽培类小米开始发生并初步发展。这个结论得到很多学者的支持。

也有不少学者认为西辽河上游地区是小米的起源地或者说起源地之一。当然，这种结论同样有考古发现作为实物根据。

考古工作者在将内蒙古赤峰敖汉旗兴隆沟遗址采集的标本进行浮选分析时，发现了 1000 多粒炭化大黄米和 10 余粒炭化小米等，距今年代为 8000 年至 7500 年。兴隆沟遗址发现的小米，距今已有 8000 年的历史，它是目前世界上发现的年代最早的小米。更何况，兴隆沟遗址发现的小米，所保留的野生祖本特征比较多。有些学者据此认为，小米的起源地应该包括以兴隆沟遗址为代表的西辽河上游地区。

依据目前的考古发掘资料，很难推断栽培类小米究竟是率先发生于哪个地区。但是，可以肯定的是，小米起源于中国北方黄河流域，它的起源与扩张，对古文化的发展产生了重要影响，这已得到大量地下实物资料的证实。

05 农业革命的诞生

在数百万年的人类发展史中，大约开始于 7 万年前的认知革命，让智人开始统治世界；大约开始于 12000 年前的农业革命，急剧改变了古人类的物质文化和精神文化；大约开始于 500 年前的科技革命，使世界历史另创新局，国际格局不断重组。

在学术界，农业的起源与发展被称为划时代的革命，它是新石器时代的重要标志之一。12000 年前，原始农业产生后，古人类的经济模式发生改变，从以采集渔猎为主的攫取式经济模式，发展到以农耕、畜牧为主的生产性经济模式。这种改变为更高级的社会组织形式的产生，奠定了坚实的物质基础。可以这样说，人类在掌握了用火的技能之后，开启了一次伟大的经济革命，它就是农业的发生与发展，这中间经历了几十万年的岁月。

原始农业的发生与拓展，和农作物的种植情况密切相关。作为后来人，我们可以这样判断农作物的种植与否。大约从 12000 年前开始的新石器时代，通常具有四大特征，即磨制石器的使用、陶器的制作、动物的驯化、原始农业的产生。农业作为一个新时代开始的重要标志之一，最突出的表现，就是食物生产的出现，而可以食用的植物是食物构成的重要部分，尤其是水稻、小米、块茎植物等的自觉驯化与栽培。

农业出现后，古人类的食物获取方式由采集型向生产型转变，这种转变使社会生产力获得了快速发展的机会。同时，凡是掌握了栽培农作物技术的原始人，一般都会烧制陶器。在农作物驯化与栽培的初始阶段，生产性食物的比重还是很微小的，再加上农作物难以长期保存，所以考古发掘很难发现这个阶段的农作物。在这个特殊的历史发展阶段，陶器的出现就成了判断农业是否出现的一个重要指征。

此外，农业的发生与发展与农业生产工具的出现息息相关。所以，农业生产工具也是判断原始农业发生、发展状态的重要依据。著名学者郭沫若就曾根据我国古文化遗址中出土的蚌刀、蚌镰等农业生产工具，解析我国原始农业的发展状况。

在学术界，农业起源是一个重大研究课题。基于大量不同发展阶段、不同地区农业遗址的发现，学者们对农业起源问题做了非常深入的研究，并进行了多次热烈讨论，但众说纷纭。总结起来，可以将目前学术界流行的中国农业起源问题的研究成果分为两大类，第一类是“外来说”，第二类是“本土发生说”。“本土发生说”得到了大多数学者的支持，又可以细分为三类，即：“环境决定论”、“人口压力论”、“文化自然进化论”。

首先，“环境决定论”支持者认为，外界自然环境的变化决定了古人类必须由食物采集者变为食物生产者，英国学者柴尔德就是这一论调的典型代表。他说：“当食物生产经济确立的时期，气候出现危机，而危机恰恰对于最初的农业出现的干旱的亚热带地区——驯化动植物的祖先生存的地方——产生了不利的影响……为了获得食物和水源，食草动物者大概会集中在日益减少的泉水和绿洲周围……这种被迫的共同生活可能促进了人与动物之间的所谓共生也即驯化的发生。”但是，百年来的考古发掘，都无法支撑柴尔德的观点。

其次，“人口压力论”支持者认为，先民之所以能够从狩猎采集经济过渡到生产性经济，是因为人口的增长，人口压力的增大，促使了这一转变的发生。这种说法在我国古典文献中也有记载。如《白虎通义》就说：“古之人，皆食禽兽肉。至于神农，人民众多，禽兽不足，于是神农因天之时，分地之利，制耒耜，教民农作。”这些文献记载阐明了古人所认为的农业产生的原因。

20 世纪 60 年代，美国学者路易斯·宾福德提出了“人口压力论”，他认为人口的压力导致了食物生产的发生。

当然，这种压力并非必然能促成新技术的产生。只有那些既有人口压力，又具有驯化潜能的动植物资源丰富的地方，才有条件成为最初的农业发生地。具有这一条件的地方，往往是那些具备资源优势的中心区域的边缘地带。

然而，“人口压力论”也存在很多不能解释的问题。比如在供需平衡的前提下，古人是没有足够的动力打破现状的。而各部落都努力使部落维持在一种供需平衡的状态，如果没有重大变故，很难出现不平衡的情况。

最后，“文化自然进化论”支持者认为，农业的产生与古人类经验的积累和动植物驯化方法的掌握密切相关，是文化发展的必然结果。美国考古学家布雷伍德、路易斯·宾福德等学者都持此观点。

人类的任何发明创造都要经过实践的检验，适合者才能被传承，这种传承又建立在一定的文化基础上。可以设想，史前人类只有经过长期的采集活动，对某种植物的生长规律有一定的认识，才有可能发明农业。

在遥远的古代社会，农业的发生有很多原因，自然环境只是一个基本条件。当然，古人类是在适宜的自然环境条件下生存的，自然环境在古文化里留下了深刻的痕迹。尤其是冰期到来等自然环境发生重大变化时，古人类就会被迫改变生产生活方式以求得生机。所以，自然环境是导致古文化发展变化的重要外部条件。中国古人类大致经过了200万年的采集生活，可能在农业发生前就已经掌握了当地各种植物的生长规律，这是农业产生的充分条件。

那么，既然古人类早在农业发生以前就已知道了一些植物的生长规律，为什么没有在更早些时候发明农业呢？一个最重要的原因是，在供需平衡的状态下，缺乏一种改变原有生活模式的推动力。

在正常情况下，无论是通过狩猎获得的肉食性动物，还是通过采集获得的植物性食物，只要有足够的食物，古人便没有了扩展食物来源的动机。

如果不发生某种变化来打破采集狩猎者们业已习惯了的文化与生态间的平衡状态，人们有足够的食物资源，就不会有发明生产经济的需要，农业的发生也就不一定是必然的。

只有那些分布有适于栽培的野生植物的地方（如生长野生小米的黄河流域，生长野生稻的长江流域），人们对这些植物的生长习性有了相当程度的了解，为了适应变化了的社会生活需要，古人才有可能栽培这些植物。因此，农业是在多种因素综合作用的前提下才逐渐出现的，用任何单一因素都很难合理地解释这一过程。

06 目前发现世界上最早的面条

我国有关面条最早的记载，可以追溯到东汉时期。东汉刘熙《释名·释饮食》：“蒸饼、汤饼、蝎饼、髓饼、金饼、索饼之属，皆随形而名之也。”清俞正燮《癸巳存稿》：“索饼乃今面条之专名。”

2002 年，考古工作者在青海省民和回族土族自治县官亭镇喇家遗址发现了距今 4000 年左右的面条遗存。这碗面条非同凡响，它目前还是世界上第一碗面条。

喇家遗址属于齐家文化的聚落遗址，它是被灾难性地震和洪水泥石流摧毁后形成的古代遗址。经过大规模科学的考古发掘，工作人员发现了大量被掩埋的骨骼、陶器等物品，这都是由突发性灾难造成的。可也正是这一原因，喇家遗址被迅速掩埋，那个盛有面条的陶碗才得以保存至今。

喇家面条是在一只倒扣的陶碗中发现的。碗中保存的面条，是鲜黄色的，形态与如今的拉面类似，面条直径大致有 3 毫米，长度有 0.5 米左右，粗细均匀。这碗面条是用生面粉做成的，也许是主人还没来得及煮食，灭顶之灾就顷刻发生了，于是它得以留存到了今天。

让世人震惊的是，这碗面条距今已有4000年的历史，它是迄今为止发现的世界上最早的面条。

至于喇家面条是哪种类型的面条，学术界尚未出现统一的意见。

亚洲食学论坛主席赵荣光将这碗面条命名为“喇家索面”。至于喇家面条为什么是“索面”，而不叫“水引面”、“拉面”，或者是其他面条类食品，他认为：“喇家索面”是手工搓制而成的（就是现在所说的手工面），制作的过程中，没有借助其他工具。

研究发现，喇家面条的具体制作流程应该是：先煮（蒸）谷、大黄米，而后舂捣，最后搓捻。

完整地保存至今，跨越了4000多年的历史维度，喇家面条为什么没有风化或者腐烂？

经过多角度探索，喇家面条保存至今的主要原因应该有两个：

第一，在中国的众多史前文化遗址中，喇家遗址是罕见的多种灾难并发遗址，这里曾经发生了地震和洪水灾害，瞬间的灾难，使得一些少见的物品能够保存下来。

第二，从考古发掘资料来看，面条是装在一个倒置的陶碗中的，隔绝了空气，防止了氧化，所以它才得以保留下来。

喇家面条是用什么做的？

考古学家通过研究面条的形状、成分、工艺，采集了很多大麦、小麦和谷物的样本进行了比较分析。结果令人震惊——它并不是用麦子做成的，而是用小米混合少量黄米做成的。小麦在五千年前由中亚和西亚传到中国西北部地区。考古发现的证据显示，即使小麦在四五千年前引入中国西北地区，但是并没有普及到各个地区。在史前时期的中国西北地区，当地百姓仍然是吃以小米做成的面条。

由于小米基本上没有什么黏性，即使是现代社会，也很少用小米来做面条。生活在4000年前的青海人，是怎么用小米做成面条的？这是考古学家一直以来的一个疑惑，什么样的工艺能够用小米做出如此细长的面条？目前没有准确答案。

用小米面揉成的面团，黏性很差，还比较粗糙，难以拉伸，使用拉面的制作方法将其拉成面条是不可能的。现代社会，为了增加面的黏性，往往会采用锤砸、烫面等方法，而制作饸饹面的工具则具有挤压的作用。有鉴于此，研究者在学习现代常用面条制作方法的基础上，借用挤压糊化成型的工具与原理，以小米为原料，在没有使用增黏剂的情况下，做出了面条，面条长达1米以上。这个模拟试验证明，小米也可以是面条的制作原料。

这一研究结果证实了生活在喇家遗址的古人，同样可以使用小米制作出面条。可以这样说，喇家遗址出土的这碗面条，改写了世界历史。

无论是意大利人还是阿拉伯人，都认为是自己发明了面条，因为他们食用面条并以之为主食的历史，长达两千多年。

面条是意大利人发明的还是中国人发明的这一问题，曾有过很长时间的争论。如今，喇家遗址的发现，给出了明确的答案。至此，面条是谁发明的这个问题，终于有了答案。那么，意大利的面条是否源自中国呢？文化人类学家、日本饮食文化研究领军人物石毛直道认为，面条通过丝绸之路传入波斯和阿拉伯文化区，然后传入意大利。12 世纪阿拉伯地理学家阿尔·依德利西曾记述西西里人会制作一种叫作“itriya”的面条。“itriya”是面条传入阿拉伯后的叫法。阿拉伯曾于 9 世纪攻占西西里，面条可能就是这一时期传入意大利并出口到其他欧洲国家的。

07 从野猪到家猪的驯化

从直立人到智人，人类有300多万年的进化历史，但是猪作为地球上最古老的物种之一，却有3600万年的历史。经过漫长的岁月，古人类成功驯化了野猪，从而形成了遍布全球的家猪。目前，亚洲野猪仅生活在中国、新几内亚、苏门答腊、爪哇等国家和地区。

家猪作为“六畜”之一，是野猪在漫长的驯化和文明交流过程中逐渐形成的，它的变化非常大，与野猪在形态和习性上有着明显差异。研究发现，随着农业的发展和定居生活的出现，古人在猪等肉食性动物出现剩余后，开始圈养，逐渐改变了其凶猛的习性，最终完成了对野猪的驯化。家猪一经出现便得到了各个部落成员的喜爱，饲养规模迅速扩大，数量急剧增长。

古人狩猎的肉食性动物那么多，野猪被选为驯化对象，在社会生活中成为与人类关系密切的动物，主要基于以下五个原因：

第一，社会生产力发展到了一定的程度。这主要表现在两个方面：水稻等可食用植物的种植和狩猎技术的不断提高。

第二，古人认识到圈养能带来巨大的好处，比如可以增加捕获动物的载肉量，自主调节动物性食物的消费量，按需繁殖后代，减少部落成员的狩猎次数等。

第三，猪是一种杂食性的动物，粮食、草等可食用的东西，猪都会吃，饲养非常方便，一旦被圈养，古人可以调整它的食物结构，只要喂饱就能达到家猪的要求。

第四，猪的居住范围不大，也不需要经常迁徙，这与古人类的定居生活是匹配的，尤其是以农业生产为主的民族。从事农耕的定居居民，大多都是饲养猪的。

第五，古人类已经有能力建立圈养场所，并有了一定的配套饲养技术。

在农业发展和定居生活出现后，家猪作为最早出现的家养动物之一，应具备以下前提，才有可能被驯化：

第一，人口日益增多，狩猎获得的肉食资源已无法供应整个部落，不能满足部落成员对肉食性动物的需求，部落需要寻求新的肉食资源。

第二，驯化对象位于部落附近，人们容易获得驯化对象，比如有一定数量的出生不久的幼小野猪。

第三，水稻、小米等原始农业有了一定的发展，居民的食物来源得到扩展，既能促使古人有意识地驯化动植物以增加食物资源，又能为他们提供经验，增强信心。

第四，粮食有了剩余，可以用来饲养动物。

基于以上前提与基础，古人最终完成了对猪的驯化，真正意义上的家猪开始出现。原生野猪在经过人工选择后，一部分被古人驯化成了家猪，一部分便发展成现代的野猪。野猪生活的范围相当广泛，在人类开始驯化它们之前，早已广泛分布在非洲和亚欧大陆。

人类对动物的驯化历史可以追溯到新石器时代早期，距今1万年左右。而猪在中国是最早被驯化的动物之一，本文仅举两例来说明家猪的起源问题。

第一个是河北武安的磁山遗址，距今8000年左右。考古工作者在该遗址发现了80个放有小米的土坑。将土坑里的小米按照体积换算成重量，达5万多公斤。不仅如此，有些土坑里，在小米的下面还放有完整的猪骨或狗骨，这些猪的生存年龄大概在1岁左右。

磁山猪的特性是这样判断的：

第一，牙齿测量。据专家测量，磁山遗址出土的猪下第3臼齿，平均长度为4.14厘米，平均宽度为1.83厘米。这个尺寸与现代家猪的数据接近。

第二，猪的死亡年龄。在磁山遗址，超过60%的猪的年龄在0.5—1岁之间，这种局面应当是人为控制下的结果。

第三，猪骨遗骸出土时的考古学背景。磁山遗址的几个窖穴里埋葬的猪，骨骼都比较完整，大多都在1岁左右。猪骨在窖穴的下部，其上分布着数量庞大的小米，这些都是当时人的有意所为。

第二个是山西襄汾陶寺遗址，距今有4300年至3900年的历史。有学者对陶寺遗址出土的人骨与猪骨进行食性分析，发现人和猪都摄取过大量的碳四植物。因为小米是碳四植物，据此推测，生活在陶寺遗址的人和猪，都是将小米作为主食的，人吃的是小米，而小米的壳应该是猪的食物。

在中国诸多新石器时代文化遗址中，古人一般将猪作为献祭用牲或陪葬生灵，数量还非常庞大。这些都从侧面反映了家猪饲养规模的扩大、饲养水平的进步。

各地古文化遗址都出现了带有猪形象的文物，本文仅举5例。

第一，来自浙江余姚河姆渡遗址的猪纹黑陶钵。黑陶钵是平底的倒梯形，四个角是圆的，口径17.5厘米×21.7厘米、底径13.5厘米×17厘米、高11.7厘米，距今约7000年至6500年。它的表面打磨得非常光亮，长边的两侧都有一头猪，猪的腹部用重圈纹和草叶纹作装饰。

第二，来自东北地区的红山文化玉猪龙。高26厘米的玉猪龙是一件祭祀礼器，由墨绿色的岫岩玉雕琢而成，完整无缺，距今年代大约为6000年至5000年。它具有四种动物的特征，即鹿的眼睛、蛇的身体、猪的鼻子、马的鬃毛，整体呈“C”形，甲骨文中“龙”的字形结构与之非常相似。

第三，来自长江中下游平原的凌家滩文化玉猪。玉猪在凌家滩遗址中是用来陪葬的物品，长75厘米、宽38厘米、高22厘米，重85公斤，距今年代大约为5500年至5300年，是目前为止中国考古发现的体积最大、重量最重、年代最早的玉猪。它是用圆雕工艺雕琢，非常清晰地表现出猪嘴、猪耳、猪眼、獠牙等部位的特征，整体形象非常地生动传神。

第四，来自上海崧泽遗址的猪首形陶匜。陶匜是一种用来盛水的猪首形雕塑，器身厚实，底部有一圈“S”形纹饰，长 13.6 厘米，高 6.7 厘米。创作者用浑圆的器身来表示猪的身躯，在侧面我们能清楚地看到猪的眼睛、耳朵、鼻子、嘴巴等部位的特征。这件猪首形陶匜展示的是家猪的形象，说明早在 5000 多年前的上海，野猪就已经被驯化成家猪了。

第五，来自于浙江良渚文化玉礼器上的猪。研究发现，很多良渚文化玉礼器都有雕刻精美的猪图像，距今年代为5300年至4500年左右。著名的良渚神徽就出现在良渚玉器上，它是由神人、兽面、鸟纹等装饰性图案组成。有学者根据兽面上的獠牙猜测该纹饰表现的是猪形象。更有学者从天文学的角度，得出“兽面纹是北斗猪神”的结论。

先民在某一合适的节点驯化了野猪，当时如何确定野猪被驯化成了家猪？作为后来人，我们又是如何盘点古文化中的猪遗存是野猪还是家猪？

经过长时间的人工挑选与圈养驯化，野猪自身的生活习性、体型等，都有了非常大的变化。自然界的野猪因为寻找食物的缘故，经常需要拱土，所以嘴巴比较长并且有力、犬齿尖硬，头部因而比较长，大致占了整个身体长度的三分之一。而被古人类圈养的野猪，只需要负责“吃饭”就行，嘴巴、头、腿等部位的使用频率越来越低，这导致它的犬齿和腿部的功能退化，头部的长度缩短到只占整个身体长度的六分之一左右。

同时，家猪野外生存能力变差，繁殖能力增强，生长速度加快，性情温顺便于饲养。

在人类完全掌握针对动物的饲养技术之前，还存在一个强化人与动物相互作用的中间阶段。磁山遗址的考古材料表明，距今 8000 年左右，中国北方地区的居民已经掌握了对猪的饲养，这是迄今为止能证明这一结论的最早证据。但是，在此之前，还有一个人与猪相互作用的中间阶段。

在我国，无论哪个时代的居民，都是在自然环境制约下开展生存活动的，他们在经济上的发展往往是被动的，比如饲养家猪，是在缺少肉食性食物的前提下才开始的。家猪是最早被成功驯化的家畜之一，在整个东亚地区的农耕社会里，也是一种非常重要的家养动物。农业的发展促进了饲养业的发展，使之成为中国传统农业的重要组成部分。

08 七千年前的“鱼米之乡”

众所周知，“鱼米之乡”指的是盛产鱼和大米的富庶的地方。在我国，鱼米之乡特指长江中下游平原和珠江三角洲平原，地跨湖北、湖南等七个省市，素有“水乡泽国”之称。

长江下游地区，有一个7000年前的古文化遗址，被专家学者称为“鱼米之乡”，它就是河姆渡文化遗址。

河姆渡文化主要分布于杭州湾以南的宁绍平原及其沿海的舟山群岛，因最早发现于浙江余姚的河姆渡遗址而得名，包括河姆渡、慈湖、傅家山等20多处遗址。经测定，河姆渡文化距今年代大约为7000年至5300年，河姆渡遗址是一处氏族村落遗址，当时正处于母系氏族社会的繁盛期。

神话传说中的“有巢氏”部落，应该就是居住在宁绍平原的古越族，也就是河姆渡人的一支。中国现代考古学奠基人之一夏鼐把河姆渡文化的发现称为中华人民共和国成立以来新石器时代考古的一项重大成果，并指出河姆渡文化发现的意义在于“表示长江下游地区在新石器早期的重要性，这里当时已有相当发达的文化”。

那么，河姆渡文化为何会被称为7000年前的“鱼米之乡”？

考古学家在河姆渡遗址发现了大量的文化遗存，非常有利于研究河姆渡人的生产、生活情况。研究发现，河姆渡遗址的文化特色主要表现在以下五个方面。

第一，河姆渡文化的原始农业与饲养业已经较为发达。

大量考古发现表明，河姆渡文化的水稻种植业已经相当发达。工作人员在河姆渡遗址发现了普遍存在的与稻谷有关的遗迹遗物，还有厚度达到20—50厘米的堆积层，堆积层里都是稻谷、谷壳、稻秆、稻叶的混合物。骨耜是河姆渡人的重要农具，它是用大型哺乳动物的肩胛骨制成的，遗址内出土了将近200件骨耜。这说明，河姆渡文化时期的水稻种植业已进入“耜耕农业”的阶段。

所谓“耜耕”农业，是指以耒耜为主要生产工具从事耕作的农业。耒耜可能是由掘棒演变而成的。耜的发明和改进，为人工翻土提供了比较锋利的工具。

同时，工作人员还在遗址里发现了猪和狗等家畜的骨骼。这说明，河姆渡人已有能力驯化猪和狗。

第二，河姆渡人生活的重要补充：采集和渔猎。

在河姆渡文化遗址中，采集和渔猎经济的发展情况主要表现在以下四个方面：

（1）当时的采集对象主要有小葫芦、橡子、菱角、酸枣和芡实等富含淀粉的植物果实，这些植物种子在考古发掘中都有发现。

（2）考古工作者发现的陆生和水生动物骨骼多达50多种，包括哺乳类、鸟类、两栖类、鱼类、龟鳖类。这表明，河姆渡人渔猎的范围相当广泛，水生动物是河姆渡人肉食的主要来源之一。

（3）骨镞和骨哨在渔猎的过程中发挥了重要作用。仅在河姆渡遗址中，就出土了上千件骨镞，它应该是最主要的渔猎工具。而有诱捕野兽功能的骨哨，则出土了160多件。

（4）工作人员在河姆渡遗址发现了8件整木制作的木桨，表明身在水乡的河姆渡人已经可以使用木桨划船，在水中打鱼或者是采集食物。

第三，河姆渡人已建立了比较完备的工业体系，这包括制作陶器、骨器、木器、石器、漆器，甚至是原始纺织业，都有了初步的发展。这从以下六个方面得到证明：

（1）河姆渡人已经大量生产对技术要求较高的黑陶，制作方法和修正技术与前一时期相比，都有很大的改进。陶器上的纹饰大多都是常见的动植物，非常精美。猪纹黑陶钵、笑脸陶器、陶釜支座、陶埙、鹰形陶器等，足以代表河姆渡文化陶器的发展水平。

（2）河姆渡人运用磨制、穿孔等技术制作的骨器，非常成熟，有些骨器上甚至还有复杂的纹饰。比如著名的双鸟朝阳纹牙雕，是浙江省博物馆的镇馆之宝之一，足以说明河姆渡人制作骨器的技术水平。

（3）河姆渡人既可以用木材制作小型的纺轮，又可以建造大型住所，他们的木器制作水平集中体现在干栏式房屋的建造上。干栏式房屋是以竹木为主要建筑材料的两层建筑，上层住人，下层既可以当仓库，也可以圈养动物。这种建筑模式与当地潮湿多雨的气候有关。

（4）磨制石器是整个时代的标志，河姆渡人对此也是十分精通的。日常生产生活都需要石器制品，比如捕鱼的石镞等。

（5）我国漆器距今已有六七千年的历史。河姆渡遗址出土的木胎朱漆碗是新石器时代最早的漆器。它是用整块木料剖挖而成的，呈椭圆瓜棱形，表面涂有天然的朱红色漆。

（6）河姆渡人已经能够使用织机织布，这在那个时代是一个巨大的技术进步。考古发掘不仅发现了纺轮、骨针等纺织工具，还有织机的零部件，这充分说明了当时纺织业的发展水平。

第四，河姆渡人的住房——栽桩架板的干栏式建筑。

河姆渡文化遗址一般都位于河流旁边的高地上，考古工作人员发现了桩木、各种散落的建筑构件等建筑遗存。有专家根据建筑构件的形状，推测河姆渡人的房屋是全木结构的干栏式建筑。干栏式建筑是使用带榫卯的木构件搭建的。

这说明，河姆渡文化时期的建筑工人已懂得使用榫卯技术。它的特点是在物件上不使用钉子，利用卯榫加固物件。这种建筑技术直接提高了河姆渡人的居住水平。

河姆渡文化的干栏式建筑是目前中国所见最早、最完整的干栏式房屋，为史前时代中国南方干栏式建筑的代表。它是结合南方地区潮湿多雨的气候环境进行创造的，并被后世承袭。

在中国的古史传说中，有巢氏是“构木为巢”的巢居发明者，而这正是对宁绍平原河姆渡人“干栏式房屋”的映射与形容。

第五，多姿多彩的文化艺术。

河姆渡人是否发明了原始艺术品？他们有没有审美情趣？这要从考古发现说起。河姆渡文化遗址出土了很多原始艺术品，上面还有很多精美复杂的图案。这些图案除了具有装饰效果外，应该还具有特殊的内涵，有的明显与某些信仰有关，更有学者认为反映了当时的宇宙观。

陶釜等陶器上一般都用多角形图案作装饰，还有多边口沿的陶器，这反映了一个现象：河姆渡人已经掌握了等分圆和正多边形知识。陶器上的猪、稻穗等动植物图案，人面和动物形象陶塑，象牙器上的凤鸟纹等等，都极具特色，在一定程度上反映了河姆渡人丰富的精神文化生活。

尤其是双鸟朝阳纹象牙雕，其外形酷似鸟窝，中部刻画了五个同心圆；火焰纹在同心圆的上部；两只面对面的鸷鸟，位于同心圆的两侧，似看着火焰纹振翅起飞。有人说它象征太阳，还有人认为是鸟在孵蛋，河姆渡人用正在孵蛋的鸟来象征他们对生命和生殖的崇拜。

考古学家苏秉琦明确表示：“过去有一种看法，认为黄河流域是中华民族的摇篮，中国的民族文化先从这里发展起来，然后向四处扩展；其他地区文化比较落后，只是在它的影响下才得以发展。这种看法是不全面的。在历史上，黄河流域曾起过重要作用，特别是在文明时期，它常常居于主导地位。但是在同一时期内，其他地区的古代文化也以各自特点和途径在发展着。”

河姆渡遗址的发现，使得河姆渡文化得以确立，它说明长江流域和黄河流域古文化发展的速度是基本一致、相对平衡的，二者都存在辉煌灿烂的古文化。河姆渡文化的发现，让长江下游地区史前考古学跨上新台阶，改变了人们的固有认识，以事实纠正了以往认为江南史前文化发展较晚的观点，使一个 7000 年前的“鱼米之乡”进入大众视野。

09 丝绸的起源

中国是丝绸的故乡，是丝绸的发源地，人们在遥远的远古时期就开始养蚕缫丝。西汉时，中国因有丝绸源源不断地运往国外而被称为“丝国”，因丝绸贸易而开辟的商贸之路被西方人称为“丝绸之路”。经过数千年的发展，丝绸不仅是制作衣物的材料，还成为文学创作的素材，更是中国文化的象征。

甲骨文中，“丝”是两束蚕丝的象形𢆶。“丝”已深入中国文化的方方面面，比如形容有治理天下之才的人物用“经天纬地”，国家兴旺发达是“天下一统”。所以，探寻中国丝绸的起源，就相当于是对华夏文明的追溯。在我国，丝绸的起源问题既可以在神话传说中找到根据，又有考古学实证作为依据。

我国神话传说中，黄帝之妻嫘祖开创了最早的种桑养蚕、治丝织衣工艺。

嫘祖，又名累祖、雷祖，出生于西陵，是轩辕黄帝的元妃。炎黄大战之后，蚩尤败走，黄帝建立了一个很大的部落联盟，并因功劳巨大而被推选为部落联盟首领。为了更好地巩固整个部落联盟，黄帝和嫘祖是这样分工的：黄帝负责带领部落成员开展生产活动，主要包括冶炼铜铁，制造生产工具，种植农作物，驯养猪、狗等动物，以此保证部落的生产生活来源；嫘祖负责制作衣冠。

嫘祖需要为制作衣冠这项工作寻找原材料，就带领女性部落成员上山剥树皮、织麻网。后来，经过仔细观察、反复试验、多方考证，嫘祖发现了蚕在桑树上吐丝的秘密，首创种桑养蚕的方法，发明抽丝编绢的技术。

从此，在嫘祖的倡议与指导下，黄帝部落开始了种桑、养蚕、缫丝的历史。嫘祖的这项发明，对黄帝部落甚至是整个中国历史都产生了深刻的影响，后人为了纪念她，尊其为“先蚕娘娘”。

中国志怪小说的鼻祖干宝在《搜神记·女化蚕》中也记载了一个传说——蚕马传说。

传说，远古时期，作为一家之主的男人被掠走了，家里只剩下妻子、女儿以及一匹马。一筹莫展之际，母亲说：“谁把我的丈夫救出来，我就把如花似玉的女儿嫁给谁。”家里的马儿听到这句话后，飞奔而走。数天后，父亲骑着马回来了。

母亲跟父亲说明了事情的始末，但父亲出于对女儿的爱护，不同意将女儿嫁给家里的马。马因此咆哮起来。父亲就把马杀了，将马皮放在院子里。毫无征兆地，院子里的马皮竟然把女儿卷了起来，飞到了一棵桑树上。更为离奇的是，几天后，女儿和马皮都变了样：前者成了蚕，后者成了茧，茧把蚕包了起来。

在古代中国的神话传说中，蚕马是蚕的祖先。在社会生活中，人们奉马首人身的马头娘为蚕神，许多地区至今还有祭祀蚕神的先蚕祠。

嫘祖、蚕马传说虽都具有神话性质，但都反映了中国先民在很早很早以前就开始养蚕、用丝的事实。

百年来的考古发掘活动，更为考证我国丝绸的起源提供了很多非常有力的证据。考古发现证实了古代传说中的合理因素，明确了至少在 5000 年前的新石器时代晚期，我国就已出现了早期丝绸制品。

那么，都有哪些考古发现可以证明丝绸起源于中国呢？

1926 年，在山西夏县的西阴村，考古学家李济和袁复礼主持对西阴村遗址进行科学的考古发掘。此次发掘发现了半颗人工割裂的蚕茧，距今年代大约为 6000 年至 5600 年。这块蚕茧长 1.36 厘米、宽 1.04 厘米，比现在家蚕的蚕茧要小一点。蚕茧表面仍然泛着丝质光泽，其断面比较平直，应该是经过利器切割。它的发现，对于研究养蚕取丝、丝织起源具有重要的意义。

1928 年，李济把这块蚕茧带到华盛顿去检验。检验结果表明，这半颗茧壳是家蚕，生活于 6000 年前的山西夏县西阴村。这说明，在夏代以前，晋南地区已经开始人工养蚕，它可能也是我国北方人工养蚕的最早起源地。

西阴村遗址出土的蚕茧是中国丝绸史上最重要的实物证据。它的发现，证明我国养蚕缫丝的历史非常悠久，因“盐运之城”得名的锦秀运城（西阴村遗址所在城市），也是种桑养蚕的重要发祥地，被写进多部史学著作。

1958 年，浙江湖州钱山漾遗址出土了丝绸残绢片和丝带、丝线、麻布等丝织品遗物，距今年代为 4700 年。麻布接近现代的细麻布，是苎麻织品。丝绸残绢片长 24 毫米，宽 10 毫米，为平纹织品，经密每厘米 52 根，纬密每厘米 48 根。

经专家鉴定，钱山漾遗址出土丝织品是用家养蚕丝原料织造，为长江流域出土最早、最完整的丝织品。

钱山漾遗址出土的丝麻织物属于良渚文化的遗物，它的出现，说明早期中国人在良渚文化时期就已经能够利用家蚕丝进行纺织，证明了“世界丝绸之源”在东方的浙江，代表了一种独立的新石器时代文化类型。

1975 年，浙江余姚河姆渡遗址出土了纺轮、梭形器、管状骨针、卷布棍（两端有缺口）、机刀等纺织工具，它们都是原始织机的零部件，据测定，距今年代大约为 7000 年至 5000 年。这一发现充分说明，新石器时代的河姆渡人不仅会使用手工编织，还发明了原始的机械。

河姆渡遗址出土的原始织机部件，来自我国已知最早的原始织机，也是到目前为止所发现的世界上最早的原始织布工具。

1973 年，考古工作者在河姆渡遗址发现了一件牙雕小盅。研究发现，这件牙雕小盅距今已有 6000 年左右的历史。在小盅的外壁上，有一圈线刻的蚕形纹，蚕纹共 4 个，在小盅的腹部排列成一圈。牙雕小盅上，蚕纹的头部向前伸，蚕身有多个节连接在一起，就像是蚕一屈一伸地向前蠕动。从这些蚕纹的体形特征来看，纹饰中的蚕应当是家蚕。这同样说明，早在 6000 多年前的河姆渡文化时期，生活在长江中下游地区的先民就已掌握了养蚕的技能。

20 世纪 80 年代，河南荥阳青台遗址出土了一批麻织品和丝织品，麻织品是用大麻的纤维加工后织成，丝织品是用蚕丝织成，包括纱和罗。这里的罗是浅绛色的，需要更先进的织造工艺才能完成。青台遗址出土的罗，距今年代为 5600 年，是黄河流域发现的年代最早的、唯一带有色泽的丝织品。

位于浙江杭州瓶窑的反山墓地，是良渚文化诸多遗址中等级最高的大墓之一。该墓地出土了玉织机部件、玉纺轮、玉捻杆等纺织工具。经研究，专家认为反山墓地形成的准确年代在公元前 2572 年前后。从墓地出土的纺织工具来看，纺织技术，特别是丝绸织造技术在当时占有特殊的地位。

2017 年和 2019 年，在酶联免疫检测技术等现代先进技术的支持下，中国丝绸博物馆对河南荥阳汪沟遗址的瓮棺葬进行检测，发现其中 4 个瓮棺有残存的丝织品。经过检测，这些丝织品与青台遗址出土的纺织物是同类、同时期的丝织物，距今 5500 年左右，它们都是迄今为止考古发现的中国最早的丝绸。

丝绸是一首不朽的颂歌，桑蚕丝绸的长河里，每一朵浪花都闪耀着中国人的智慧和勤劳。丝绸更是中国女性的赞歌，从采桑、养蚕、缫丝、织绸到刺绣，处处都有女性的身影，丝绸上铭刻着中国女性的伟大与荣光。

10 四千年前龙山人的日常生活

4000 年前，在中国的山东地区生活着这样一群人，他们制作的陶器，以薄、硬、光、黑为显著特征，尤其是蛋壳黑陶，最具代表性。因首次发现于山东龙山城子崖遗址，学术界将他们称为“龙山人”，将他们所创造的文化命名为“龙山文化”。夏商周三代的文化都与龙山文化存在一定的渊源关系。

1928 年的春天，举世闻名的城子崖遗址终于揭开了它的神秘面纱，当时是由著名考古学家吴金鼎主持发掘的。经过多次发掘，发现了大量的黑色陶片和黑陶陶器，这说明，磨光黑陶是城子崖遗址最显著的特征。

研究发现，龙山文化来源于大汶口文化，主要分布于黄河中下游地区，距今年代大约为 4500 年至 4000 年。据统计，考古工作人员目前发现的龙山文化遗址已有 1000 多处，其中城子崖遗址、丁公遗址、两城镇遗址、尧王城遗址等，是比较重要的龙山文化遗址。

有如此多的地下出土资料做依托，我们可以猜测，在龙山文化存续期内，4000 年前的山东人必然过着丰衣足食的生活。这一猜测有什么依据呢？

第一，较为合理的饮食结构。

4000 年前，当古文化发展到龙山文化时期，农业有了较大的发展，人类早已开始定居生活。这一时期的龙山人已会种植五谷、养殖家畜，农闲时，他们打猎捕鱼。如果不考虑生产、生活工具、社会结构，他们的生活，跟现代偏远农村的生活还是比较相似的。

龙山人的饮食主要来源于农业，其次是饲养业，而渔猎和采集则是必要的补充。

龙山文化时期，常见的五谷均已经种植。在考古发掘中，工作人员发现了大量的炭化农作物、农业生产工具。小米、水稻、小麦、菽（黄豆）等可食用植物的炭化遗存的发现，说明龙山人的食物种类比较丰富，饮食结构较为合理。此外，用石块、骨头、蚌壳等多种材料制作的农业生产工具的发现，甚至是蚌刀、蚌镰、石刀、石镰、石斧等多用途农业生产工具的大量出土，都从侧面说明了龙山人在农业方面所取得的成就。

与农业的繁荣相适应的是家畜饲养业的发达。猪在龙山文化中被广泛饲养，是人类肉食的主要来源。考古工作者在许多遗址中都能见到大量破碎的猪骨，而家猪的比例很高，西吴寺遗址甚至达到了 43%。此外，墓葬中流行的葬猪现象，也从一个侧面反映出猪被大量饲养的情况。

当时还出现了牛、羊、鸡、狗等家畜。尤其是狗，龙山人曾大规模饲养过，考古工作人员在许多遗址中都发现了大量狗的骨骼。

与上一历史阶段相比，龙山人饲养的家畜种类更多，数量也有明显的扩张。龙山文化时期家畜饲养业的进步表明，龙山人的饲养技术有所提高，他们的肉食来源因此更加丰富，饮食结构也更为合理。

过着定居生活的龙山人，以农作物和家畜为主要食物来源。但农闲时，人们也会去捕鱼、打猎，以此作为生活的重要补充。在多次考古发掘中，工作人员发现了大量的野生动物骨骼，以及捕鱼、打猎的工具。遗址出土的镞、矛、网坠、鱼钩、鱼镖等工具，都是龙山人的渔猎工具，它们是用石、骨、陶、蚌等材料制作的。据研究，龙山人狩猎的对象有鹿、獐、獾等食草动物。

第二，光鲜亮丽的衣服、饰品。

龙山人早已学会了纺织，还会佩戴一些装饰品，并具有了一定的审美观念。考古发现了陶纺轮、石纺轮、骨锥、骨针等，都是龙山人纺织、做衣服的工具，还有理丝器、玉簪等，也是龙山人用来打造个人形象的工具和装饰品。

考古工作人员在姚官庄遗址出土的陶器底部发现了布纹的痕迹，每平方厘米的经线是10根，纬线为11根。这一发现说明，龙山人已经掌握了比较高超的纺织技术，他们的衣着也会随着纺织技术的提高而得到改善。

第三，富有特色的住房模式。

与同时期的古文化相比，龙山人的住房别具特色，这与当地环境有很大的关系。早期龙山人住的是半地穴式的房屋，这种房屋最明显的特点就是，地下半层，地上半层，冬暖夏凉，而且能抵御野兽的侵袭。晚期龙山人大多抛弃了半地穴的居住模式，他们建造了大量的地上建筑，地下的那部分直接取消了。这种变化与当时建筑技术的进步和社会生产力的发展有很大关系。

龙山人采用夯筑技术建造的房屋，更加的坚固、安全。在建造房屋时，他们已经充分认识到柱洞、柱础石的作用。运用这些技术建造的房屋，更适宜人类居住。

龙山人建造的房子大的有四五十平方米，小的还没有十平方米。在一定程度上，大房子的建造说明了建筑技术的进步，而房屋面积大小悬殊的现象表明龙山文化时期出现了比较大的贫富差距。大房子和小房子的使用者不是一类人，它们的主人应当属于不同的阶层。

龙山人还能利用先进的建筑技术，建造规模较大的城址，比如城子崖城址的面积就有 20 万平方米，景阳冈城址的面积则有 31 万平方米。研究发现，这些城址的建造至少分了三步：首先，堆筑高土台；其次，挖基槽；最后开始建造房屋。修筑高土台这一建筑技术的使用，让后人据此学会了给大型建筑物修建台基的技术，对后世中国产生了重要影响。

龙山人建造房屋时，会用白石灰涂抹墙面和居住面，这种做法不仅使房间更加洁净美观，还起到了防潮的作用。

第四，相当完善的工业体系。

龙山人经过数百年的发展，形成了比较完善的工业体系，它涵盖了陶器制造业、玉器制造业和铜器制造业等。这说明，龙山人的手工业发展水平较高，覆盖面广。尤其是以蛋壳黑陶为代表的陶器制造业，达到了龙山时代制陶业的巅峰。龙山人所掌握的制陶技术，足以代表这个时代的最高水平。而流传至今的陶器，每一件都是实用性和艺术性的完美结合。

不能忽视的是，龙山人的制玉技术得到很大的提高。临朐西朱封墓地出土了一组精美的玉冠饰，由镂空镶嵌绿松石的玉牌和玉杆组成，通长 23 厘米，非常精美。日照两城镇遗址出土了一件玉圭，玉圭的双面都用纤细兽面纹图案作装饰。研究发现，当时的玉器工匠已掌握切割、磨制、雕刻和钻孔等技术，他们使用这些技术加工的玉器，有的工艺极为复杂。

龙山文化正处于石器时代的末期，石器制造业在当时的工业体系中仍然占据非常大的比重，它覆盖了社会生活的方方面面。常见的石器有石铲、石镰、石凿等等。

在考古学上，龙山文化下启夏商周时期发达的青铜时代文化。正处于黎明之前的龙山人，已经掌握了炼铜和制作小件铜器的专业技术。考古人员曾在三里河遗址发现铜锥，经化验得知，铸造铜锥的材料是黄铜，并且含有 23.2% 的锌。

第五，充实丰富的精神生活。

龙山文化时期，生产力飞速发展，家庭私有制逐渐取代氏族公有制，社会内部发生剧烈变动。为了维护这些已经形成的等级差别，上层社会成员往往会借助宗教信仰和礼制的力量，用来维系整个社会组织。龙山人制造的玉钺、玉版、玉冠饰等玉器，制作精良，已经超越了实用器物的范畴，拥有者应该是社会上层人员。所以，没有实用性的玉器，成为龙山人区分社会等级和身份的重要标志。前文提到的西朱封墓地出土的玉冠饰，有学者认为它代表了头戴“皇冠”的“神”的形象，它的主人至少掌握了部落的神权。

考古工作者在许多遗址中都发现了用牛、羊和鹿的肩胛骨制成的卜骨。龙山人还会在修建城墙和房屋时，使用器物甚至是人牺进行祭祀，为建筑举行奠基仪式。这说明，原始宗教信仰体系已在龙山文化中建立，龙山人还有一套举办祭祀活动的准则。

4000 年前，生活于如今山东地区的龙山人，维持的日常生活带有典型的农业社会属性。在邹平丁公遗址，出土了一片带字陶片，上面有 11 个字，这将中国文字的发现向前推进了 800 年。在龙山文化遗址中也发现了大型聚落遗址，有的是面积比较大的城址。小件铜器也在当时当地出现过。城市、文字、金属器早已成为学术界公认的文明的三大主要标志。以此衡量龙山文化可知，4000 年前的龙山人就已经创造了较为先进的古文化，他们即将踏入文明社会的门槛。

11 丁公陶文

山东是中国古文字起源的一个关键地区。在公元前 2300 年至公元前 1600 年间，大量的类似文字的现象不断涌现，尤其是丁公陶文的出现，将我国文字的诞生时间向前推进了 800 年。而这个重要的发展阶段，正处于山东龙山文化和岳石文化的存续期内。

丁公陶文的发现地——丁公遗址，是一处典型的龙山文化和岳石文化遗址，位于山东滨州邹平长山境内的丁公村，东北距苑城乡驻地约 1 公里，西南距邹平县城约 13 公里。遗址总面积约 27 万平方米。整个遗址的台面本来比较高，但因为当地农民历年来都在这里取土，在一定程度上破坏了遗址的完整性。

1985 年至 1993 年，为了解鲁北地区的史前文化面貌，山东大学考古专业先后在丁公遗址开展了 6 次科学发掘活动。1991 年，考古队发现了一座龙山文化时期的城址，这就是丁公城址，城址保存得相当完整。

从外形来看，丁公城址大致是一座方形的古城遗址，南北长 350 米，东西宽 301 米，面积约有 10 万平方米。城址四周的城墙大概有 20 米宽，目前的高度仅在 1.5 米至 2 米之间。

丁公人在城墙的外侧挖了比较深的护城河，学术界将这种护城河称为“人工壕沟”。在城内发现房址、横穴窑、窖穴、墓葬等遗迹，出土包括精美蛋壳黑陶高柄杯在内石、骨、蚌、铜、陶等各类文物标本。城墙底部埋有儿童或成人（学术界将这种现象称为“奠基”）。丁公城址的发现在当年被评为“中国十大考古发现”，并位居首位。

在考古研究的基础上，丁公遗址“活灵活现”地展示了原始农作、制陶、造屋等场景，再现当时人的生产与生活。

而震惊世界的丁公陶文，正是在丁公城址内发现的。陶文出现在一件大平底盆底部残片的内部，陶盆属于泥质磨光灰陶，文字整齐地刻在一起，共有 5 行 11 个字。大部分陶文都使用了连笔，是按照某些章法刻写的，排列也遵循了一定的顺序。从整体上来看，这些陶文的笔画比较流畅，已经相当成熟，应该不再是简单的刻画符号，而是真正意义上的文字。

据测量，这块刻字陶片长 46—77 毫米、宽约 32 毫米、厚 3.5 毫米。右边第一行有 3 个字（古人都是以一列为一行），剩下的 4 行共 8 个字，每一行都是 2 个字。根据相关专家测定，丁公陶文的绝对年代在距今 4200 年至 4100 年之间。

丁公陶文比甲骨文出现的年代还要早，在目前的中国是年代最早的古文字，对研究中国古文字的产生与发展、中华文明的起源等，都具有重大的历史与现实意义。

中国历史博物馆（现中国国家博物馆）馆长俞伟超曾断言："由于这个发现，一下子就把我国文字出现的时间，往前推了八九百年。"

我国著名历史学家李学勤认为，来自丁公遗址的这块陶片，承载了比原始社会的刻画符号还要先进的文字，这可能就是流行于山东龙山文化时期的一种俗体字。

还有学者认为，丁公陶文是一种古文字，它的时代在目前我们所能了解到的古文字中，是最早的。

丁公陶文的发现，将我国文字诞生的时间向前推进了800年左右，表明山东龙山文化时期已经产生了比较成熟的文字，这种文字还被用于传递和记录信息。这意味着龙山文化时期已经进入了用文字记载历史的新阶段，这与仅靠口口相传记录历史相比，是质的飞跃。

这11字陶文的发现具有十分重要的意义，甚至比丁公城址的发现更为重要、更为珍贵。首先，成组文字的出现，表明龙山人已经创造了相对成熟的文字，还能熟练使用这些文字。其次，以丁公陶文为代表的龙山文化时期的文字，应该是殷墟甲骨文的源头之一，对于探讨甲骨文的产生具有重要的意义。再次，丁公陶文的发现与研究，为研究文明起源、古文字发展等重大学术课题，提供了实物证据。

对于意义如此重大的丁公陶文，学术界如何释读呢？

关于这片陶片上神秘文字的意义，很多专家曾尝试过进行解读。中国社会科学院研究生院考古系教授冯时翻译丁公陶文说："魅卜，阿普渎祈，告。吉长，百鸡拐爪。"如果这样解释丁公陶文，那丁公陶文就应该是一种卜辞，目的是招祖护佑、驱邪求吉。

总结下来，学术界对丁公陶文进行的释读，可以分为四大类。

第一，丁公陶文是甲骨文的源头之一。

著名学者、殷周金文研究专家陈公柔，曾就职于中国社会科学院考古研究所，对丁公陶文的研究非常深入且专业。他明确指出，丁公陶文与来自大汶口文化的"日"、"月"、"山"等陶文，具有一定的渊源关系，对二里头、二里岗等殷商文化遗址文字系统的形成也有一定的影响。正处于龙山文化中晚期的丁公陶文，在文字的形成与演变的过程中，占有重要地位。

著名考古学家邵望平多年来对中国文明起源等相关课题进行了非常深入的研究，她是这样评价丁公陶文的：在中国的文字系统里，象形字和表意字占据主要地位，以丁公陶文为代表的山东龙山文化，上承年代较早的大汶口文化，下启年代较晚的殷商文化，大汶口文化时期还是简单的刻画符号，商周时期就是比较成熟的甲骨文了，丁公陶文也正处于文字发展的中间环节。

第二，丁公陶文与甲骨文质地有异、书体不同。

注重历史研究与甲骨学、考古学等多学科交叉进行研究的李学勤，在研究丁公陶文后，提出了另外一种看法。他认为：在后世的文字中，可以分为正体、俗体两种，而这种分类方法应该起源于上古时期，丁公陶文在龙山文化里可能就是一种俗体字。

第三，丁公陶文是与甲骨文不同系统的另一种文字。

从事商周史、古文字等研究的王恩田，通过对比城子崖遗址出土的陶文和金文，认为使用连笔字写法的丁公陶文，与甲骨文和金文在字体结构上是截然不同的，它们不属于一个文字系统，而丁公陶文很可能是一种东夷地区的古文字。

第四，丁公陶文是一种被淘汰的古文字。

古文字学家裘锡圭通过研究丁公陶文，提出了一个新观点：丁公陶文虽然是一种原始文字，但它在发展变化的过程中误入歧途，并没有发展成为真正的成熟文字。

对于这种误入歧途的古文字，古文字学家高明曾明确指出：在汉字的起源过程中，古人试验了无数次才有一种汉字走向成功。无数人经过反复地探索、试用、改进，在无数次磨合的基础上，终于发现了一种试用的字体，这种字体还成长为成熟的文字，就是后来的甲骨文。文字的形成与发展则经过了数千年的历史。

无法忽略的是，丁公遗址虽然只出土了一例具有“陶书”性质的陶文，但它所处的地层和时代都非常明确，与城址、铜器等一起证明，4000多年前的滨州已跨入文明社会的门槛。

对于丁公陶文的释读，学术界尚未达成统一意见。但丁公陶文的意义是不容质疑的，它的发现，为古文字的产生与发展、中国文明起源等重大历史课题，提供了极其珍贵的实物资料。

12 魅力古文字

中国的汉字是人类历史上最古老的文字之一。只有几种文字可以与中国古文字相媲美，最著名的是两河流域的楔形文字和古埃及象形文字。遗憾的是，这两种文字早在两千多年前就消失了，作为一种文字，它们只能待在博物馆里，成为文字的化石。中国的古文字是唯一一种使用到现在的文字，也是当今使用人数最多的文字。

关于中国文字的起源有很多种说法，比如“神赐说”、“结绳说”、“刻契说”、“圣人造字说”等等。从文字的发展演变规律来看，最先出现的是使用符号、物件、图画等的记事方法，正是这些原始记事方法的发展、演变，才有了原始文字的出现，这个逻辑关系已被大量的考古发现所证实。

考古工作人员在全国各地的古文化遗址中，发现了大量的原始刻画符号。有的则在后来发展成了原始文字，这为探索中国文字的起源与发展提供了大量的实物资料。限于篇幅，本文仅举以下数例：

（1）河南舞阳贾湖遗址出土了很多刻画符号，它们大都是在龟甲、骨头上契刻而成的，距今年代大约为8500年至8200年。研究发现，有些刻画符号的形状与商周甲骨文有很多相似之处，如“目”、“太阳纹”等等。贾湖遗址刻画符号的年代，比号称世界最早文字的古埃及纸草文书（最早见于公元前3000年）还要靠前，比殷墟甲骨文早4000多年，比仰韶文化半坡遗址刻画符号早2000多年。

（2）陕西西安半坡遗址、临洮姜寨遗址、宝鸡北首岭遗址等地，都出土了大量的刻画符号，它们的文化属性都是属于仰韶文化，距今已有7000年至5000年的历史。据统计，仅半坡遗址和姜寨遗址就出土了27种刻画符号，这27种刻画符号可能就是将近30个古文字。

（3）山东章丘城子崖、邹平丁公等龙山文化遗址中，出土了很多带有刻画符号的陶片，距今大约有4400年至3900年的历史。尤其是著名的丁公陶文，共有5行11个字，从写法和字体上来看，已不是单纯的刻画符号，它们应该是较成熟的文字。

（4）山西襄汾陶寺遗址出土了一个陶壶残片，残片上有两个字，有学者认为这两个字是“文”和“尧”，距今年代约4200年至4000年。

（5）以浙江良渚遗址为代表的良渚文化，总面积达到34万平方公里，出土了数量众多的刻画字符，有些符号或许已经脱离了刻画符号的阶段。马桥遗址出土了一件陶质宽把杯，杯底有两个刻画符号，有学者认为左侧的符号与甲骨文中的

“戊”字相似。江苏苏州澄湖遗址出土的一件黑陶贯耳罐的腹部，有 4 个并列的文字符号，有的研究者将其从左到右解读为“巫戊五俞”，其中的“巫”字应该指的是“钺”。这些遗址的年代大多在距今 5300 年至 4300 年之间。

从最原始的刻画符号到形成批量能通用的文字，这期间经过了数千年的发展。所以，文字的形成是长期积累、创造、整理、完善，从少到多、分批认同流行的漫长过程。文字出现后，有的符号还在继续使用，新的符号也在不断出现，这些符号一起发挥它们有限的作用。

从考古发现来看，文字的起源与发展具有一定的规律性：贾湖遗址的龟甲契刻已见端倪；大汶口文化和仰韶文化出土的陶文应当是一种原始文字，而那些零星的合体字，则可能与祭祀、礼仪或族团标志有关；在黄河流域和长江流域的龙山文化中，出现了用多个字表达一句话的古文字，这说明古人掌握了更多的文字使用方法，标志着龙山时代的古文字以一种更加成熟的姿态与世人见面。

在文明社会里，一般都会有文字，文字是文明社会的标配，是社会生产力发展的必然结果。邵望平认为：在城邦或者说是部落联盟时期，不管当时是处于战争阶段还是和平时期，都产生了符合社会需要的文字，用来表达意志、沟通思想。

中国文字起源之后，世界其他地区的古文明同样形成了古文字，著名的有 5 种。

（1）来自埃及尼罗河河谷地带的象形文字，俗称“圣书体”。

埃及象形文字非常古老，它的前身是图画文字。

象形文字由图画文字演化而来，属于表意文字，是一种最古老的字体，大约出现于6000年前的古埃及。刻有圣书体、世俗体、希腊文三种文字的罗塞塔石碑，为古文字学家破译埃及象形文字提供了契机。

（2）来自两河流域的苏美尔楔形文字。

楔形文字的前身是象形文字，与象形文字相比，字形结构有所简化，同时也更加抽象。大约在5500年前，进入青铜时代的两河流域出现了商人，这些商人已经掌握了图画、刻印的技术，他们能够以泥板等工具为媒介，编写简单的账本。公元前2700年左右，古埃及人受到楔形文字的启发，发明了22个符号来代表自己口语中的各种辅音。

（3）来自地中海沿岸的腓尼基文字。

腓尼基人生活在古埃及帝国东北部地中海沿岸，最初使用苏美尔人创制的楔形文字。楔形文字比较复杂，使用不便，这促使腓尼基人对其进行简化。大约在3000年前，腓尼基人创造出腓尼基字母，共有22个。这些字母是以原始迦南字母为基础进行创作的，它吸收了埃及象形文字和楔形文字的优点。腓尼基文字的影响力非常大，直接影响了希腊字母，甚至是对后世的字母文字都有影响。

（4）来自美洲地区的玛雅文字。

盛行于5世纪中叶的玛雅文字，是美洲地区的玛雅人创造的，它出现于公元前后。在美洲历史上，只有玛雅人留下了文字，玛雅文字尚未被破译，迄今为止仍是学术界的一大难题。

研究发现，玛雅文字是一种意音文字，它与我国象形文字的发展水平差不多。一般情况下，玛雅文字会刻写在石碑、庙宇、古墓、玉器等介质上，用来记载玛雅人的宗教神话、天文历史等等。

（5）来自古印度的印章文字。

目前，在发掘的印度古代城市遗址中，出土了大量石器、青铜器和农作物遗迹，其中包含了大量印章。但是，目前还没有人能够识别印章上的文字，也不能确定它们到底是图像符号还是文字，人们将这种“文字”称为“印章文字”。目前尚存最古老的印章文字是有名的“阿育王碑文”，主要是阿育王为弘扬推广“法”而镌刻诏勒的。

中国文字的诞生，意味着历史不再只是口口相传，还可以依靠文字记录，这标志着“信史时代”的来临。有了文字就会形成文献，文献将前人的记录和历史经验直接传给后人，经过积累与发展，大大缩减后人摸索经验的过程。从此，人们不再以万年、千年为单位，去衡量社会的发展与进步；人类文明出现飞跃发展的局面，是以百年甚至十年为单位的。正如李学勤先生所说：“对中国文字起源的探讨直接关系到我国古代文明何时开端这样的重大课题。”

13 红山文化女神与女娲

作为中国人，我们每个人都听说过中国神话体系中的创世女神——女娲，她的故事一直流传至今。但是，千百年来，女娲是否真的在历史中存在过，一直是个谜。红山文化牛河梁遗址女神像的发现，为我们揭示了真相。

首先，我们来了解一个古文化——红山文化。

红山文化是辽西地区新石器时代先民独创的一支考古学文化，以辽河流域为中心，向周边扩散，面积达到 20 多万平方千米，距今年代为 6000 年至 5000 年左右。正处于母系氏族社会全盛期的红山文化，建立了以女性为主体的部落集团，后期则向父系氏族过渡，男性在部落的地位越来越高，但没有超越女性。

作为一支地域性的古文化，红山文化所达到的发展高度说明，该文化在东北地区的文化中占有着重要地位，对我国考古学的发展有着重要影响。红山文化发展到了哪种程度呢？笔者将从以下三个维度来说明红山文化所取得的发展成就。

第一，红山文化居民的经济生活。

红山文化经济的发展情况主要体现在三个方面，即农业、饲养业以及工业制造。

考古发现的石器中，可确认是红山人用作农具的石器只有两种，就是石耜和石刀。石耜是一种外形与鞋底类似的尖刃石器，表面还存在磨损痕迹。在那斯台遗址就曾出土一件石耜，长 42.6 厘米、宽 13.5 厘米。石刀上面有两个系绳用的穿孔。这件石耜应该是红山人用来收割谷穗的工具。

在东山嘴遗址，出土了大量猪骨，经测定，这些猪骨都是家猪，而这些家猪都是用于祭祀的献牲，这从侧面说明，红山文化的农业和饲养业发展到了相当高的水平。

当古文化发展到红山文化时期，已经相当繁荣，在工业制造领域集中表现在铜器制造、玉器制造、陶器制造等手工业的发展进步上。

红山文化的铜器制造业有了初步的发展，出现了冶铜业。内蒙古敖汉旗西台遗址就出土了两件泥质陶范，都是长方形的，一件长 3.6 厘米，一件长 2.5 厘米，远古时代的红山人用它来浇铸金属钩形物。这两块陶范在目前中国乃至东亚范围内都是很早的冶铸实例。同时，辽宁朝阳牛河梁遗址出土了小铜环，含铜量高达 99%，是古人铸造的纯铜制品。

在我国新石器时代文化中，有三大玉器中心，除了良渚文化和凌家滩文化，红山文化玉器在同时期的玉器中占有重要地位。红山文化的玉器种类多、数量大，代表着中国玉文化发展的第一个高峰期。这说明，以红山文化为代表的东北地区，开启了中国礼制文明的先河。在众多玉器中，玉箍形器是最能反映工艺水平的红山玉器。牛河梁遗址出土的玉箍形器长达 18.6 厘米。如此精美的玉器，在红山文化中，只有社会上层人员才有资格拥有。

玉箍形器看上去是中空的玉筒，表面没有纹饰，非常薄，即使是今天的玉雕大师使用现代工具雕琢，难度依然非常大。而五六千年前的红山人，在没有金属工具和现代科技加持的前提下，仅靠制玉工匠们一点点打磨，或许要耗费一生的时间才能完成这么一件玉箍形器，其珍贵可见一斑。

第二，红山人的信仰与习俗。

信仰与习俗主要体现在宗教或祭祀遗址的发现上。考古工作者发现了很多具有礼仪功能的红山文化遗址，比如辽宁喀左东山嘴的石圆圈遗迹、阜新胡头沟遗址。尤其是东山嘴遗址的石圆圈遗迹，是在山冈上建造的，南圆北方，它的功能应该是类似于祭坛的祭祀场所。在石圆圈遗迹附近还发现了大量的兽骨，这些兽骨应该是红山人用来祭祀的献牲。

据测量，东山嘴遗址的范围至少有 2500 平方米，无论从遗址的规模还是从出土遗物的数量和内容来看，都大大超出了胡头沟等遗址所显示的一般规格。东山嘴一带还没有发现红山文化的聚落。所以，如果说胡头沟这种规格的祭祀遗址只是一个或几个聚落的专门祭祀场所的话，东山嘴遗址应该是附近几个聚落群共同的祭祀中心。

第三，红山文化的社会发展情况。

1985 年，著名考古学家苏秉琦提出了关于红山文化社会性质方面的新认识，他说："喀左东山嘴相当于红山文化后期的祭坛遗址，牛河梁的女神庙遗址和附近积石冢群，是中国早到五千年前的、反映原始公社氏族部落制的发展已达到产生基于公社又凌驾于公社之上的高一级的组织形式，在我国其他地区还没有发现过类似遗迹，与它们相应的生活聚落猜想也会有某种程度的分化。"

玉猪龙、玉鸮、勾云形器等造型比较复杂的红山文化玉器，在某种意义上已经初步具有了礼器的性质。这种现象的出现，说明红山文化已经形成了某种礼仪制度。

红山文化为什么在社会发展上做出领先的成就呢？从考古学上看，它走上了一条兼容并蓄的发展道路——既吸收了同一地区更早的赵宝沟文化、富河文化等不同支系的文化成分，又主动接收了来自黄河流域的文化影响。这使红山文化在原有的辽西古文化组合的基础上，又经历了一次更为重要的"重组"，加快了它成长的步伐，逐渐形成了一种礼仪规制。

说完了红山文化，我们再来说说来自女神庙的红山文化女神。

1984 年，牛河梁遗址出土了来自 6 个人体的泥塑女性群像残片，其中最特别的是一尊陶制的女性人头像，与真人的头部大小类似。考古工作者称其为"红山文化女神"。研究发现，女神像是 5500 年前的红山人仿照真人形象制作的，脸型与华北人类似，具有典型的蒙古人种的特征。女神的脸是盾牌形的，蒜头鼻、飞扬眉、大耳朵，眼珠是用晶莹碧绿圆玉片镶嵌而成，头上可能戴有花环或者粗布巾带。

女神像出土后，有学者认为，红山女神就是我国神话传说中抟土造人、炼石补天，还创造了婚姻制度的创世之神女娲。这是真的吗？

这个问题暂且按下不表，我们先来看看古老的神话传说——女娲神话。

在我国，娲皇、女阴、女娲氏等等，都是称呼女娲的，她是一位创世女神。相传女娲以自己为蓝本，用黄泥抟土造人，创造了人类社会。为了繁衍后代，女娲又建立了婚姻制度。远古时代，人间天塌地陷，女娲不忍生灵涂炭，她为了修补苍天熔炼了五彩石，斩下鳖足以立四极，因此留下了女娲炼石补天的神话传说。

作为一位远古时代的女神，女娲既有抟土造人的功绩和补天救世的贡献，又有创造万物的功绩，因此被世人尊称为“大地之母”。悠悠数千载，女娲都是被民间广泛而又长久崇拜的创世神和始母神。

根据考古出土的彩陶纹饰等相关遗迹遗物，以及史前人类的生殖崇拜和洪水抗争史，不难发现女娲存在的根源是母系氏族社会里对女性崇拜的结果。

总的说来，女娲表现的是一位伟大女神的形象，女神源自母系氏族社会，在氏族中流传了很久很久。

话说回来，笔者认为，红山文化女神像就是我国神话传说中的女娲。

在牛河梁遗址女神庙的旁边，有一座圆锥形的小土山，二者大概相距 1 千米。土山是人工夯筑而成的，内石圈直径为 60 米，外石圈直径约为 100 米。此外，考古工作者还发现 30 多座积石冢（积石冢就是东北地区的古墓），构成一个巨大的积石冢群。这个积石冢群是围绕小土山分布的，而小土山和积石冢的外形都是圆锥形的。这里的布局理念与金字塔的构造原理是相似的。从考古发现来看，这些“金字塔”的顶部是炼铜遗址。

这与女娲炼石补天的传说是契合的，这里很可能是红山人根据女娲炼石补天的神话传说建造的。

还有一点，女神像上臂塑件空腔内带有肢骨，很可能就是人骨。这也与女娲抟土造人的传说相契合。

红山人在牛河梁遗址建造女神庙，是为了表达对女娲的崇拜。苏秉琦指出，红山女神“是红山人的女祖，也是中华民族的共祖”。女神像的出土表明，原始宗教已经由自然崇拜、图腾崇拜发展到了祖先崇拜的高级阶段。

14 中华第一龙

古代中国人以龙为图腾，认为华夏子孙是龙的传人。

龙，是中国神话传说中虚构的神。

历代帝王都自称“真龙天子”，衣食住行用处处体现了“龙”的文化元素。

经过数千年的演变、发展与渗透，“龙的精神”已成为中华民族的象征。

龙的传说由来已久，那么究竟谁才是“中华第一龙”呢？已有的考古发掘成果显示，号称“中华第一龙”的遗迹或遗物有四处，它们是：许氏禄丰龙、濮阳蚌塑龙、红山文化玉龙、凌家滩文化玉龙。接下来，笔者将逐一进行介绍。

（1）中国古动物馆收藏的许氏禄丰龙。

1938 年，在云南省禄丰县沙湾东山坡，有一条巨大的恐龙化石与世人见面了。这条巨龙的脑袋是方形的，长脖子，长尾巴，身体庞大，后肢比前肢长，也更为粗壮。1941 年，中国古生物学专家杨钟健经过研究，将其命名为“许氏禄丰龙”。“许氏”指的是杨钟健先生的老师，德国著名古生物学家弗里德里克·冯·许纳。

研究发现，许氏禄丰龙是一种杂食性的恐龙，一般居住在湖泊岸边或者沼泽地区，距今已有两亿多年的历史。这条恐龙主要是以湖岸和沼泽周围森林里的各种植物为食，也可能还吃一点水里的螺蛳或蚌壳类的小动物。

许氏禄丰龙是用双脚行走的恐龙，它的体长可以达到 8 米，站立起来身高可以超过 2 米，体重则可以达到 2.5 吨，是个如假包换的“大块头”。许氏禄丰龙的发现在研究蜥脚类恐龙大型化演化方面有很重要的意义。

许氏禄丰龙之所以被称为“中华第一龙”，是因为它是第一种由中国古生物学家命名的恐龙，许氏禄丰龙的发现揭开了中国恐龙的纪元。东山坡是中国人自行组织发掘的遗址，出土的恐龙化石也是中国人修复的。从这个角度来讲，许氏禄丰龙是实至名归的“中华第一龙”。

（2）来自河南濮阳西水坡遗址的蚌塑龙。

1987 年，考古工作者在西水坡遗址开展发掘活动，发现了一座古墓，墓里有 3 组蚌塑龙虎图，属于仰韶文化时期，距今约 6000 年。其中，有一组蚌塑龙虎图位于墓主的两侧，他的左侧是位于西方的蚌塑虎图，右侧是位于北方的蚌塑龙图，龙、虎都是以背朝主人的姿势作行走状。

古墓墓主是一位身高 1.84 米的成年男性，有 3 个人殉葬，身侧还有蚌塑龙虎图案，这说明墓主生前的权力和地位非常高。有学者据此推测，蚌塑龙虎图里的“龙”是“中华第一龙”。据传，濮阳是黄帝的孙子颛顼的故乡，这里发现有“龙”形图案，也与中国古老的传说——黄帝乘龙升天相契合。

墓主是人，具有普通人的人格，但又懂得天文历法。在仰韶文化时期，能够贯通天地的是巫师，所以，墓主又是巫师。巫师是神职，墓主又有 3 人殉葬，但当时并不是奴隶社会，所以这 3 个人殉是根据祭典的需要安排的。并且墓室是按照“盖天说”的观念布置的，墓主头顶苍天，脚踩大地，当是一位王者。仰韶文化时期，一般是塑造各种动物神，还没有形成“尊人为神”的规则。西水坡古墓里的龙、虎等，都是用动物塑造的，它们在墓主生前应该是充当动物神的角色。

再者，中国古代有五帝之说。《周礼・天官・大宰》:“祀五帝。”唐贾公彦疏:“五帝者，东方青帝灵威仰，南方赤帝赤熛弩，中央黄帝含枢纽，西方白帝白招拒，北方黑帝叶光纪。”按此说法，位居中央的墓主应具有“中央黄帝含枢纽”的神格。

（3）来自辽宁朝阳的红山文化玉龙。

1984 年，考古工作者在牛河梁遗址挖开了一座古墓，这座古墓使用玉器陪葬，距今至少有 5000 年的历史。在古墓主人的胸部，发现了红山文化玉龙。经过慎重考虑，考古学家认为红山文化玉龙堪称“中华第一玉雕龙”。

这条红山文化玉龙高 26 厘米，收藏于中国国家博物馆。

自古以来，中华民族都是自称“龙的传人”，龙的起源与发展在华夏五千年文明史中，甚至是更久远的历史时期，都占有重要地位。而红山文化玉龙是与宗教活动有关的玉器，它也因此成为研究原始宗教信仰和龙文化的重要实物资料。

研究发现，红山文化玉龙所体现的工艺相当精湛、造型极其独特，显示出成熟龙形的许多因素。

（4）来自安徽马鞍山含山的凌家滩文化玉龙。

凌家滩遗址面积达到160万平方米，出土的玉礼器、石器等文物，不仅数量大、美观，还非常珍贵，更有大型人工建造的氏族墓地、祭坛，还有与之配套的祭祀坑等重要遗迹，距今年代大约为5500年至5300年。种种迹象表明，凌家滩遗址是一处区域性中心聚落遗址，而以凌家滩遗址为代表的凌家滩文化，被誉为“中华远古文明的曙光”。

据统计，凌家滩遗址出土了许多新的玉器品种，尤其让世人称奇的，是各种以人与动物为原型的肖生玉雕，如站立和坐着的玉人、玉龙、玉鹰、玉虎、玉兔等等。这些玉雕有对现实的真实模仿，也有对事物进行高度抽象的示意，还有将两种动物进行想象性的组合，成为中国历史上肖生玉雕的先驱。这些玉器具有神圣的性质，常常用作巫师祭祀的用具。它们的造型与纹饰所蕴含的神秘丰富的内涵，及其与远古哲学、信仰的密切关系，也引起了学术界强烈的关注。

考古工作者发现，凌家滩文化玉龙用圆雕的方式雕琢，它的造型特征非常富有个性化特点。玉龙以扁圆形的形式存在，首尾相连，吻部突出，头部雕出两角，龙须、龙嘴、龙鼻、龙眼等细部都雕刻得清清楚楚，强烈而鲜明地表现出中国龙的传统特征，与人们想象中的龙的形象非常相似。

有些学者据此推测，中国现在龙的形象和龙的观念的起源地，很可能就在凌家滩遗址，所以称凌家滩文化玉龙为“中华第一龙”。

到目前为止，很多地方都发现了龙的遗迹，未来可能还会在更多的古文化遗址发现龙遗迹，对于谁是“中华第一龙”这个问题，确实很难回答。

笔者认为，无论谁是真正的“中华第一龙”，龙都是中华民族的精神象征，“龙”遗迹的不断发现，使我们“龙的传人”的地位更加不可动摇。

15 “天圆地方”宇宙观

在古代中国人的思维中，一般认为“地”是一片无边无际的地理空间，而“天”则是一个等级森严的社会，只能敬仰和崇拜。对于头顶上的“天”和脚下的“地”，他们一直在思考：“天”和“地”是什么形状？它们是如何形成的？古人对自身生存空间的认识，在“盖天说”宇宙观中得到了很好的体现。这种宇宙学说与“天圆地方”宇宙观念存在极大的渊源关系。

在远古时期，“天动地静”等自然现象引发的思考，使得古人对天地结构的认识上升到一个新的高度，并形成了一种新的学说，这就是“天圆地方”学说的来源。数千年来，古人在建筑设计中也采用了圆形和方形的概念，作为祭祀性建造的代表，天坛和地坛的设计与建造就充分体现了“天圆地方”的观念。

时至今日，“天圆地方”这一古老的天文观念对现代社会依然有很大的影响。本文拟结合文献记载和远古时代的遗迹、遗物，对这种天文观念进行解读。

在中国古典文献中，有不少古籍都记载了对“天圆地方”观念的认识与理解。如：

《周髀算经》：“环矩以为圆，合矩以为方，方属地，圆属天，天圆地方。”

《淮南子·精神训》：“头之圆也象天，足之方也象地。”

《淮南子·天文训》：“天道曰圆，地道曰方。”

《大戴礼记》：“上首之谓圆，下首之谓方。”

…………

作为一种朴素的原始宇宙观，“天圆地方”观念的内涵阐释可以分为六类：

（1）形状说

这种学说认为，“天圆地方”中的“方、圆”是一种形状，指的是圆形和方形，还有像这种图形的实物。《晋书·天文志》中说：“天圆如张盖，地方如棋局。”意思是，圆圆的天空就像一个半圆形的盖子，而四方的棋盘刚好可以用来形容方形的大地。

（2）动静说

有一些古人用“方”与“圆”的特点来描述天地动静，从而形成了动静说。南宋年间的石刻《天文图》就记载有这样一句话：“天体圆，地体方；圆者动，方者静；天包地，地依天。”

（3）时空说

还有一部分古代学者认为“天圆地方”体现了时间和空

间的统一，常被用来描述时间和空间，时间是周而复始的、无穷无尽的，空间是无限延伸的、巨大无比的，它体现的是时间和空间的高度统一。《文子·自然》中就有一句话形容这种时空观，即："往古来今谓之宙，四方上下谓之宇。"这里的"宇"是指空间，"宙"是指时间。"宇宙"就是时间和空间的统一。

（4）道说

"天"是指天道，"地"是指地道，"方"和"圆"则是天道和地道的表现形式。如《大戴礼记·曾子天圆》中记载："天道曰圆，地道曰方，方者主幽，圆者主明。"作者用"天圆地方"阐明大地的运行规律，用"幽"与"明"说明人类社会的运行规律。

（5）阴阳说

这类观点是形状说或动静说的更进一步，将"天圆"和"地方"与阴、阳两种属性进行比附，以此解释天地间的"对立与统一"。朱熹在《周易本义》中明确表达了这种观点："天圆地方，圆者一而围三。三各一奇，故参天而为三。方者一而围四，四合二耦，故两地而为二。"

（6）另解说

后世学者使用其他方法解释"天圆地方"观念的，不胜枚举。比如，有些学者在解释"天圆地方"时，就认为这种观念指的是天图和地图的特征。

除了文献记载，"天圆地方"观念也得到了考古发掘发现的实物资料的验证。限于篇幅，本文仅举数例。

（1）外方内圆的玉琮

玉琮是一种古人用来祭祀神祇的礼器。安徽潜山薛家岗遗址出土的玉琮，是目前所见年代最早的玉琮，距今约5100年。在浙江良渚、山西陶寺遗址、广东石峡等新石器时代晚期文化遗址中，我们可以看到大量的玉琮，尤其是良渚文化玉琮，数量多，制作工艺先进。

玉琮的基本造型特征都是“外方内圆”，这与“璧圆象天，琮方象地”的记载吻合。据考证，有“琮王”之称的良渚文化神人兽面纹玉琮，可能就是巫师用来沟通天地的法器，而它“内圆外方”的造型则是用来象征“天圆地方”的观念。

（2）精妙绝伦的彩陶

中国的彩陶虽然发现较晚（1921年），但是出现时间非常早，距今已有8000年左右，它记载着古人类的经济生活、精神生活，可能还反映了某些图腾崇拜或者是宗教文化信息。在我国，彩陶文化主要分布在马家窑文化、仰韶文化等黄河流域的新石器时代文化遗址中，前后延续了5000多年。

为什么要说彩陶的设计体现了“天圆地方”的宇宙观念呢？主要原因如下：

从器形上来看，彩陶以“圆”为起点，再经过收缩、内敛、升高等变化，体现了器形对古人实用需求的满足。

从纹饰上来看，彩陶以“线”为本，线条的变幻多姿直接体现了彩陶工匠的心理变化，而由线条组成的纹饰图案更是体现了人的心理。在线条的基础上，因器施彩。而线条形式的变化，比如曲直、往复、曲折、疏荡、间隔、疏密、交叉等等，就像是一种节奏和韵律，映射着古人心理情感的变化。

大圆之中，包容着多变的方，这方圆的变换中定然蕴藏着先民的哲理观。这种方圆中包含了先民的一种原始的宇宙观，即“天圆地方”。

（3）红山文化牛河梁遗址的祭坛

20 世纪 80 年代，考古工作者在牛河梁遗址发现了三环石坛和三重方坛。石坛是用淡红色的圭状石柱建成的。古人认为东方是日居之所，石坛又位于方坛的东面，组成三环的石桩为淡红色的圭状，用以象征太阳的运行轨迹。方坛的正中是石筑方台，四周有一重（或者是二重）墙，这可能是红山人祭祀天地的地方。

文献中记载，圜丘与方丘分主祭祀天地。《周礼·春官·大司乐》：“冬日至，于地上之圜丘奏之。”唐贾公彦疏：“土之高者曰丘，取自然之丘圜者，象天圜也。”又：“夏日至，于泽中之方丘奏之，若乐八变，则地示皆出，可得而礼矣。”所以，圜丘的致祭对象是天上的自然神；而方丘则是祭地之所，受祭者有社稷、五祀、五岳、山林川泽、四方百物。

牛河梁遗址祭坛的发现表明，红山人已有较为成熟的“天圆地方”观念。

（4）商周古文字和神话传说中的“天”

在百年来的考古发掘中，工作人员发现了数量众多的古文字。金文“天”字的构成特点是“作人而圆其首”，以圆首象征“天圆地方”。在《山海经·海外西经》中，讲述了一个以刑天为主角的神话故事：刑天与黄帝争夺神位，二人展开了激烈的斗争，斗争以黄帝的胜利而结束。作为胜利者的黄帝斩断了刑天的头，并把他的头埋在常羊山的下面。但刑天的魂魄没有灭，继续与黄帝进行斗争，他把双乳当作眼睛，把肚脐当作嘴巴，拿着武器向天空不停地挥舞。

刑天是无头的神，以人头象征天，所以“断首”之意是“刑天”一名的由来。无论是古文字“天”，还是神话传说中的“天”，都是用人首象征天圆思想的反映。

16 文物里的早期朴素天文观念

古代的天文观是伴随着人们对星空和宇宙的探索出现的，体现了古人对自然和宇宙的观念。我国是天文学产生最早的国家，也是最早拥有历法的国家，而历法则可以体现当时的天文观念。远古时期古人就开始了对天文的检测，比如《尚书·虞书·尧典》记载，尧舜禹时期安排羲氏、和氏遵循天数，研究日月星辰运行的规律，并据此制定历法，然后向普通百姓公布天时节令。这表明，传说中的尧舜禹时期就有了天文官，他们负责观测天文、制定时令。

这里的尧舜禹时期是指史前社会晚期，也就是夏朝建立之前的千年历史。考古发掘发现了很多这一时期具有礼器性质的文物，它们反映了一定的天文观念。

第一，文物里出现的神猪形象及其内涵阐释。

《初学记》记载："斗星时散，精为彘，四月生，应天理。"《初学记》是唐代的一部官修类书，唐朝人认为猪是北斗或斗魁四星（北斗七星中的前四颗星）的象征，明确论述了猪与北斗的关系。在原始社会晚期，古人认为猪知天时又主配北方，有可能已经产生了用猪主祭司命的观念。当时出现了一批以猪为母题的神秘作品，可以解释猪与北斗的关系，我们暂且将这种以猪为母题的创作称为“北斗神猪”。

20 世纪 80 年代，著名的小山尊形器在内蒙古敖汉旗小山遗址出土，距今年代大致为 7000 年至 6700 年。据测量，小山尊形器的口径为 25.5 厘米，底径 10.6 厘米，领高 10.3 厘米，通高 25.5 厘米。尊形器的腹部有一周生动的图案作装饰，图案表现的是流云与三个动物的形象，三个动物分别是奔鹿、飞鸟和生着獠牙的野猪。它们都是用阴线勾勒，内部用规整细密的网格纹填充，形象栩栩如生。

尊形器腹部的猪形象应该是北斗的化身。冯时说：“北斗作为拱极星有与四宫星相互拴系的特点，其中南宫指向张宿，北宫指向危宿。”这种关系的形象表述，正好就是鸟、猪、鹿的完整组合。

考古工作者在浙江余姚河姆渡遗址第 4 文化层发现了一件长方形猪纹黑陶钵，距今年代大约为 7000 年至 6500 年。陶钵的角是圆形的，底是平的，外壁两侧各刻绘一个猪纹，口径 17.5 厘米—21.7 厘米，底径 13.5 厘米—17 厘米，高 11.7 厘米。整体来看，猪纹黑陶钵是倒梯形斗魁的形象。

冯时经过深入研究，认为黑陶钵中猪纹的中间部位表现的是极星，这里的极星极有可能是天枢星（北斗七星之首，位于北斗星宫）。古代人用猪比附北斗，猪也应该是斗魁四星及其中天理四星的象征。这件陶钵不仅形象酷似斗魁，而且猪纹中央的极星也把猪的象征意义限定在斗魁四星。

红山文化墓地出土的玉器为说明猪与北斗的关系提供了力证。这件文物就是双猪首三孔玉器。这件玉器长 8.9 厘米，宽 2.6 厘米，孔径 1.9 厘米，有并列的 3 个孔。两端有一对面向外侧的猪首。该玉器的底部有四个小孔。

在红山文化的墓葬资料中，只有规模较大的 4 号墓出土了猪形礼玉。墓主在生前很有可能是巫师，能沟通天地，猪形礼玉可能就是墓主沟通天地的工具，所以放置在胸前的部位，以示重要。

新石器时代出土的绘有猪形图像的玉器应当就是当时的祭天礼器，它们逐渐被一种更精致的玉器取代，如玉璧、玉琮、玉钺。而璧和琮，偶尔可能还要用来显示王权，这也在一定程度上说明神权与政权逐渐走向统一。

在整个史前社会，良渚文化玉璧都是玉礼器中的精品，上面雕刻有精美的猪图像，类似图像在良渚文化玉琮上也有发现。

天神的人格化是造成新石器时代晚期以猪为母题的北斗图像拟人化的重要原因，良渚文化礼玉上的北斗神徽图像则将这种天神的拟人化推向极致。

第二，河姆渡日鸟合璧图与四时四神和二分二至的对应关系。

二十四节气至迟在战国时期就已定型，四时与四神却可以追溯至原始社会。目前来看，考古工作者已在浙江余姚河姆渡遗址发现了三处雕刻精致的完整的日鸟合璧图。

第一件是出土于河姆渡遗址第 4 文化层的有柄骨匕。骨匕不完整，残存柄部，长 14.5 厘米，宽 3.4 厘米，柄面雕刻有两组日鸟图像，图像的中央都是圆圆的太阳，太阳两侧是两只相背的鸟。

第二件是出土于河姆渡遗址第 3 文化层的双鸟朝阳纹牙雕，雕片长 16.6 厘米，宽 6.3 厘米，厚 1.2 厘米，正面雕刻一组日鸟图像，中央由同心圆组成圆日，圆日两侧雕刻一对头对头的鸟。

最后一件是出土于河姆渡遗址第 1 文化层的陶豆盘，豆盘是一件泥质灰陶钵，直径 27.5 厘米，盘内底部的日鸟合璧图像是用阴刻技法雕刻的。豆盘的中心是一个圆圆的太阳，四只鸟以太阳为中心，环绕一圈，指示四个方向。

学术界对上述日鸟合璧图像进行研究后，得出的比较一致的观点是：古人用日鸟合璧图来象征“金乌负日”。基于这种理论，如果把双鸟朝阳纹牙雕里的“双鸟朝阳”理解为“双凤朝阳”，那么整个牙雕图案所描绘的应该就是文献记载的金乌搬运太阳的神话。

但是，河姆渡文化的日鸟合璧图并不能简单地解释为金乌负日。这是因为，我国流行的金乌负日神话中都是一只身负太阳、伸展双翅的飞鸟，而河姆渡文化里出土的日鸟合璧图像，并不是一只鸟和一个太阳。豆盘中所描绘的图像是四鸟盘环，每鸟各守一方。古人认为太阳因为金乌的载负才能在天空中运行，因金乌的搬运而完成位置的变换。那么，金乌载着太阳东升西落，南行北进，当是四时日行四方，而双鸟朝阳纹牙雕的图像应当也可以理解成二分日时，太阳分主东、西的观念。

第三，象征八卦图形的八角星纹。

考古工作者发现了很多带有八角星纹的陶片或器物，比如山东泰安大汶口遗址的残陶片，安徽含山凌家滩遗址的玉版和双猪首翅鸟，内蒙古敖汉旗小河沿遗址的八角星纹陶尊……有八角星纹图案的器物不胜枚举。这些八角星纹图案向我们传达了古人的什么观念呢？

这种八角星纹很容易被认为是光芒四射的太阳。但它其实可能是一种八卦图形，四方八角具有四时八节的含义。

以凌家滩遗址的玉版为例，长方形玉版出土时是夹在玉龟的背甲与腹甲之间的，以示天地之间有八卦。玉版上刻画了两个重圈纹，八角星纹就在重圈纹的小圈内，以此表示太极。设计者把小圈和大圈的中间部位分成了 8 格，每个格子内都是一个圭形的箭牌，用来象征四时八节。圭形箭版则在大圈的外面，一共有 4 个，表示《易》中的四象。玉版上一条长边钻了 9 个孔，与之相对的边上钻了 4 个孔，两侧短边各钻了 5 个孔。有学者认为这是古史传说中的“洛书”。

自古以来，八卦都是循着先天方位和后天方位进行布列的。在凌家滩遗址出土的玉版上，我们可以看到八角纹的外围刻有八枚矢状的图形，用来指示八方，这种做法应当具有方位的象征意义。

第四，表现盖天宇宙模式的勾云形器。

红山文化勾云形器是该文化最典型的玉器之一，通高 8.7 厘米，宽 25.5 厘米。青黄色并且带有黄褐色沁的勾云形器，用双龙凤组合而成。它的出现表明，早在 6000 年前的红山文化时期，就已经出现了龙在上凤在下的文化学说。

在勾云形器的上端，两边的龙如在云中飞行，顶部有一个小孔，向下看似乎是龙身飞天蜷曲出的形态。下端用双凤头构成勾云，中部是凸起的五齿；中通上端是沟纹，红山文化工匠们利用沟纹勾画形成兽面；齿部凹处和上孔都有舞动的痕迹。

在勾云形器上，我们可以看到鸟、兽、龙、鹿角或猪獠牙的形象。但是，从整体来看，勾云形器很可能是龟的抽象。

据研究，红山文化勾云形器所要表现的是盖天宇宙模式，由于要用抽象的龟形当作天盖，所以要突出龟背和四足，用背象征天，用四足象征撑天的四根柱子。而天的旋转就是用勾状的龟背表示的。

中国早期的朴素天文观诞生于原始社会，早在 4000 多年前的新石器时代就已形成相当严密的体系。它的产生与发展，既服务于原始农业生产，又展现了古人的天文智慧，还证明了中国汹涌澎湃的文明发展史。

17 红灰黑白：陶器呈色之谜

陶器是土、水和火的艺术。在距今10000年左右的新石器时代早期，就有了简单粗糙的陶器，它的产生在当时是一项伟大的革命。在那个时代居民的日常生活中，陶器主要用作炊器、容器等日常生活用器。随着社会生产力的发展，陶器的使用范围逐渐扩大，陶质工具、建筑用陶和陶塑艺术品等，相继出现。可以这样说，陶器的制造，不仅是我国古代先民的重要发明，更是古人类进入新石器时代的标志之一。

早期的很多文化遗址中都出土了大量形形色色的陶器，它们不仅形状各异，色彩也并不单一，常有红、灰、黑、白等颜色。那么在当时生产力水平低下、完全没有化学知识的情况下，古人是如何烧制陶器并使之呈现不同颜色的呢?

从理论上来看，陶器呈色的差异与陶土的成分、陶窑结构、烧造技术等因素有着密切的关系。古人类应是在长期的生产实践中慢慢掌握了控制这些因素的经验办法。

首先，我们来看看红陶的烧制原理。

在我国，红陶出现的时间最早，数量也非常多，遍布全国各地的古文化遗址中。夏朝建立后，随着社会的发展和制陶技术的提高，红陶的使用数量虽然有所减少，但从未退出历史的舞台，且在当时的社会生活中发挥着重要的作用。

研究发现，用于烧造陶器的陶土中，都会有一定量的铁元素，这个铁元素就是古人能够烧制出红陶的关键。

古人在烧制陶器的过程中，如果陶窑的封闭性差，空气就能够与陶土中的铁元素自由接触，一旦接触就会形成氧化气氛，铁元素就会被氧化，形成一种新的物质——三氧化二铁，从而使陶器呈现出红色。

也就是说，如果陶土中含有的铁元素比较多，露天烧造陶器，或者是在敞口式陶窑中烧制，一般都会烧制出红陶。

陶器出现伊始，一般都是红色的。这是因为最初的制陶条件非常简陋，人们一般是堆一堆木柴，直接露天烧制陶器。如距今 8000 年左右的老官台文化出土的陶器，具有硬度小、所需火候低、以红陶和褐陶为主、陶色不均等特点，都是早期陶器的显著特征。

前文提到，红陶的烧制与陶窑的结构有关。陶窑刚出现的时候，由于技术不成熟，大都形体小，构造简单。古人使用这样的陶窑烧制陶器，一般也不会封闭窑顶，这样就使窑内的陶器在氧化焰中烧成，呈现出红色。

其次，我们来看看灰陶是如何烧制的。

顾名思义，灰陶就是灰色的陶器，它是在弱还原气氛中烧成的。灰陶的出现时间虽然没有红陶早，但考古工作者也在诸多早期古文化遗址中发现了灰陶，且年代越晚，发现的灰陶越多。比如在黄河流域，早期的灰陶在距今 7500 年左右的裴李岗文化就已出现；稍后的仰韶文化，灰陶数量大幅增加；再晚些的龙山文化，灰陶的数量急剧增加。夏朝时，灰陶已经占据主要地位，到商周时期，灰陶占据了绝对的统治地位。

与红陶的烧制原理类似，灰陶如果在烧造过程中通风不畅，或者在即将烧制成器时封闭窑顶，陶窑内就会因为供氧不足而产生弱还原气氛，陶坯中的铁元素就会因此被还原成四氧化三铁，在这种环境下烧制的陶器就会呈现出灰色或者深灰色。

在距今 4900 年左右的庙底沟二期文化遗址中，灰陶已基本占据主要地位。考古学家推测，这种现象的出现与当时的陶窑有关。专家认为，庙底沟二期文化的陶窑窑顶可能是半球形的，这种结构的陶窑，有利于提高烧成温度，能更有效地控制烧造过程和最后的封窑，从而形成还原焰。所以，这种方式烧成的陶器多呈现灰色或者深灰色。

接着，我们来看看黑陶的烧制原理。

1928 年，考古学家吴金鼎在山东一处古文化遗址进行考古发掘的时候，发现了黑陶这一从未见之于世的史前珍宝。这处遗址就是著名的山东章丘城子崖遗址，距今年代大约为 4500 年至 4100 年。黑陶最直观、最典型的特征就是色黑、质坚、胎薄，学术界将黑陶的这种特征总结为“黑如漆，声如磬，薄如纸，亮如镜，硬如瓷”。这些黑陶因造型小巧精致、陶胎薄如鸡蛋壳而被称为“蛋壳陶”，它代表着龙山时期黑陶的最高成就。

龙山文化黑陶具有典型的代表意义，这与当时当地的社会环境及社会生产力发展水平有着很大的关系。

当然，长江流域也出现了黑陶，不过数量比较少。比如浙江余姚的河姆渡文化遗址出土了一件猪纹黑陶钵，距今已有 7000 多年的历史。

截至目前，考古发现了大量的黑陶，根据用料的不同，可以将其分为三种：泥质黑陶、夹砂黑陶、细泥黑陶。这些黑陶是如何制作出来的?

对于这个问题，有关专家学者总结出两种方法。

第一种方法：在黑陶烧制的过程中，用烟熏法进行短期渗炭。具体做法是，在烧制即将结束时，先将窑顶和窑门封住，后在窑顶渗水，这样就会使陶窑内产生浓烟，浓烟中的炭会迅速渗入炽热的陶坯中，从而将陶器熏黑。用这种方法制作的黑陶，陶胎都会比较致密。山东龙山文化的黑陶，可能就是用这种工艺制作的。

第二种方法：在陶土中加入羼和料。用来烧制陶器的陶土中，有时会有植物茎、叶、壳等，用这些材料制成的陶坯在烧制过程中，植物炭化，从而使陶胎呈现出黑色。当然，有些黑陶的烧制则是因为古人直接在陶泥中羼和炭化的稻壳。这种方法烧制出来的陶器，一般质量比较好。

此外，在美洲印第安人中还流传着一种黑陶工艺，具体方法是把陶坯放在松脂烟的火上熏烤，烧成后的陶器一般会是黑色的，器表光滑，坚实耐用。

最后，我们再来看看白陶是如何烧制的。

在古代中国，白陶通常是用色白而细腻的高岭土烧制而成的一种陶器，烧成温度在1200℃左右。因其原料本就是白色，且其胎质中氧化铁的含量非常低（约占1.6%），所以烧成后的陶器一般都是白色的。

白陶在夏朝建立前就已出现，它于商代后期发展到顶峰，至西周逐渐衰落。夏商时期，白陶的器形以酒器和豆、钵等食器为主，陶器表面往往有饕餮纹、夔纹等纹饰，非常精美。

除单色陶器之外，古人还烧制彩陶。

古人在制作彩陶时，一般会用矿物颜料在陶坯上描绘出各种纹饰，烧制成器后，便会呈现出红色、黑色、白色组合成的彩色图案。大约在8000年前，关东地区就出现了彩陶的萌芽，这个时期的彩陶纹饰通常是一条宽彩带。在距今7000年前后，大量精美的彩陶在仰韶文化半坡遗址出土。这表明，半坡人已熟练地掌握了彩陶的制作技术。

研究发现，古人要烧制出彩陶，必须掌握3个技术条件：

第一，对天然矿物颜料有一定的认识，比如颜料的耐高温性、矿物的显色规律。

第二，为了使颜料渗透到陶胎里面，古人在制作陶坯时，必须提高陶坯表面的光洁度，并达到一定的标准。

第三，陶器的烧制温度需要提高到一定的程度，这是因为陶器烧制的温度越高，颜料的附着力就越强，纹饰就越牢固。

还有一种特殊的陶器——釉陶。釉陶是一种带釉陶器，主要是作为明器使用，通常出现于古墓中。它大约出现于战国中期，发展于两汉、南北朝时期，盛行于唐代。大名鼎鼎的唐三彩就是釉陶器的杰出代表。古代人制作釉陶的着色剂中，把铅当作熔剂，想要酱黄色、褐色、黑色的釉陶，就用铁，想要绿色的釉陶，就用铜。

惟妙惟肖、多姿多彩的中国陶器，有的热烈、奔放，有的雅致、沉稳，将土与火的艺术诠释得淋漓尽致。漫长的历史岁月积淀于种类繁多、造型百变的陶器中，陶器就像树木的年轮一样，向后人讲述历史，展示中华传统文化的丰富内涵。

18 彩陶纹饰的文化内涵

在我国，彩陶广泛分布于北方黄河流域的诸多文化遗址中，前后延续了5000多年，仰韶文化、庙底沟文化等，都是中国彩陶文化的杰出代表。作为古文化的重要载体和史前物质文化的具体体现，彩陶反映了史前时期黄河流域的社会发展情况。彩陶制作精美，造型古朴，纹饰题材极其丰富，在今天仍然熠熠生辉。

古人在设计彩陶时，用点、线、面表示自然界中的动植物、河流等等，取象于自然，再结合红、黑、白等颜料进行绘彩，从而形成了花卉纹、蛙纹、舞蹈纹等纹饰的彩陶器。彩陶纹饰的色彩与朴素的彩陶对比鲜明，冲击着人们的视觉神经。丰富多样的彩陶纹饰，向我们传递了原始社会的人们对美的追求、对生命的热爱。

每一种彩陶纹饰都被赋予了独特的内涵。接下来，本文将对此做一个简要的阐述。

几何形纹饰在彩陶作品中出现的频率非常高。这种彩陶纹饰既是对编织物、渔网、树叶等实物的模拟，也是对史前先民视觉表现和心理活动的反映。

彩陶艺术考验的是写心写意的技法。通常情况下，古人会用几何形来描绘动植物形纹饰，这有点类似于现代的简笔画。

1955 年，人面鱼纹彩陶盆出土于陕西西安半坡遗址，现藏于中国国家博物馆，是仰韶文化彩陶工艺的典型代表。盆的口径为 39.8 厘米，高度为 16.5 厘米。一般认为，这个彩陶盆是作为儿童的葬具使用的，仰韶人把彩陶盆当作盖子盖在儿童的瓮棺上。

人面鱼纹彩陶盆的内壁是两组用黑彩绘出的人面鱼纹，对称分布。人面是圆形的，高耸的三角形立在人面的头顶上；额头左半部用黑色涂抹，右半部虽然也是黑色，但形状是半弧弯镰形的。这种构图手法可能是在仰韶人中间流传的文面习俗。仰韶人采用黑白对比的设计方法，意在增强纹饰的冲击力。当然，仰韶人在人面鱼纹的头、嘴巴等位置设计鱼纹或钩纹，是一种非常奇特的做法。有的人面纹会把眼睛的上部描绘成黑色或空白的三角形，用向上的弯钩形表示耳朵，或者用鱼纹装饰耳朵，嘴巴则是用两道相交的斜线表示，且嘴巴两侧各有一条鱼纹作装饰。

据研究，人面鱼纹是图腾崇拜的产物，和半坡人的原始信仰有关。渔猎是半坡人的重要生活来源，在半坡人的生活中占据了很大的比重。可以说，半坡遗址里的“鱼”，是半坡族群崇拜的图腾。半坡人将实用器皿与崇拜图腾相结合，创烧出鱼纹彩陶盆，希望得到鱼神的庇佑，壮大族群。

鱼纹在仰韶文化中具有特殊的含义。据相关研究，目前关于鱼纹意义的说法，有以下三种：

（1）鱼纹反映了仰韶人对鱼的崇拜，鱼应该是他们的图腾。

（2）由于鱼的繁殖非常快，所以鱼纹寄托了仰韶人繁衍后代的希望。

（3）“人面鱼纹”中的“人面”，是史前巫师的形象。

仰韶文化中还有花瓣纹。花瓣纹形似绽开的花朵，在仰韶文化彩陶纹饰中占据了主流，一般出现在比较大的陶盆腹部。这说明仰韶人非常喜欢这种纹饰。

在古代，“花”和“华”是一个字，且古有华胥氏履迹生伏羲的神话传说，华夏有可能指的就是远古时期的花氏族或花部落，而华族就是花族。所以，花瓣纹可能是一种图腾崇拜或指以花为图腾的部落。而彩陶上花卉图案的变化发展则反映了远古时期的华族从兴旺到衰落的过程。

1973 年，舞蹈纹彩陶盆在青海大通上孙家寨的马家窑文化遗址出土。设计者在陶盆中绘制了 3 组共 15 个人组成的舞蹈纹，纹饰中的人都是手拉着手的，虽然很小，但能清晰地看到头饰、尾饰等细节。在民间艺术里，有很多以手拉着手的小人为主题的作品，常把拉手小人称为“抓髻娃娃”。“抓髻娃娃”这种艺术创作，表达了人们多子多福的愿望。

蛙纹也是马家窑文化彩陶上常见的一种纹饰。甘肃天水赵村遗址就出土了一件蛙纹钵。蛙纹寄托了先民趋吉避凶的理念，以及他们对美好生活的向往。蛙可能在马家窑文化晚期成为各氏族崇拜的对象，有的甚至将之上升到“蛙神”的高度。

旋纹又称涡纹、旋涡纹，是一种螺旋状的纹饰，非常受马家窑人的欢迎，常常被用作彩陶纹饰。研究发现，古人喜欢将旋纹用在彩陶壶、彩陶罐、彩陶钵等陶器上。

仔细观察，我们可以发现，旋纹是用流畅的线条描绘的，具有强烈的动感，它就像黄河的浪涛，奔流不息。

先民在制作彩陶时，用漩涡纹表现波涛汹涌的河流，用水波纹表现常见的水流。在彩陶纹饰中，水波纹忽高忽低，或密或疏，有时平展如直线，用来表示平静的湖面，微风吹过，又像层层叠叠的鱼鳞，表现的都是山川河流的一部分。

流行于马家窑文化时期的锯齿纹，是一种彩陶纹饰，由连续的三角元素组成。早期锯齿纹，锯齿很大，类似于大三角的形状；中期锯齿纹用红色线条勾勒花纹主框架，黑色线条多在主框架周边使用，最后在黑色线条上面向主框架的一侧画锯齿纹；晚期锯齿纹很少使用，绘制粗糙，颜色单一。

锯齿纹在我国流行了数千年，不仅是彩陶的常见纹饰，商周时期的青铜器，甚至是秦汉及其以后各代的艺术品，都经常用锯齿纹作装饰。

对于锯齿纹的文化内涵解读，有的学者认为其是火焰。甘肃省马家窑文化研究会名誉会长王志安认为，锯齿纹是山的形象，表现了古羌人对山的崇拜。与旋纹表示对水的崇拜相对应，锯齿纹表示对山的崇拜也不难理解了。

流行于马家窑文化时期的葫芦网纹，是一种组合纹饰，既有葫芦纹的元素，又有网纹的特点。通常情况下，葫芦口向上，4 组或 6 组束腰葫芦相互对称，组成一组葫芦网纹。绘制这种纹饰时，一般先用红色描绘葫芦轮廓，黑色锯齿带纹一般位于外部，内部是密密麻麻的网纹，然后用锯齿纹或者其他纹饰做不同部位纹饰之间的隔离带。

葫芦是一年生草本植物，既可以食用，又可以在中间挖空、晒干，做成容器。网纹则似鱼在水中游，水在网中。葫芦网纹的出现，说明古人在食用鱼和葫芦的同时，还能用网捕鱼，把葫芦做成容器使用。

流行于马家窑文化时期的菱格纹，是一种抽象的几何纹饰，由连续排列的菱形格组成，一般出现于大型器物（比如壶、罐）的上腹部。工匠们一般会先画带有锯齿纹的黑色菱形框架，框架外侧是连续的红色菱形框架，框架内部再填上圆点纹、网纹、十字纹等纹饰。

彩陶上出现的菱格纹非常契合自然，带有天然的和谐之美，它的对称性从视觉上给人一种稳定、和谐的感觉。正因如此，菱格纹在我国流行了数千年，至今仍是一种流行纹饰，经常出现在人们的日常生活中。

远古先民们将设计彩陶纹饰当作一项神圣的事业，他们虔诚地将自己的思想、情感融入其中。彩陶纹饰丰富多彩，它们共同反映了古人的生产、生活、审美、信仰等，也见证了黄河流域史前文化的绚烂与辉煌。

19 良渚文化：五千年文明史实证

五百年的历史，到北京看故宫；

一千年的历史，到开封看清明上河园；

两千年的历史，到西安看秦汉帝王陵；

四千年的历史，到安阳看殷墟遗址；

五千年的历史，到杭州看良渚文化。

今天的杭州地区，在遥远的新石器时代就诞生了马家浜文化、良渚文化等让人引以为傲的古文化。良渚文化更是实证中华 5000 年文明史的重要文化。

1936 年，浙江省余杭县人、工作于西湖博物馆的施昕更发现了良渚遗址，经过三次的发掘、整理与研究，写就《良渚》一书，震惊国内外。1959 年，中国科学院考古研究所所长夏鼐将良渚遗址命名为“良渚文化”。2019 年，良渚古城遗址被列入《世界遗产名录》。

良渚遗址是良渚文化的典型代表性遗址，总面积达到 34 平方千米，距今年代为 5300 年至 4000 年左右。

我们常说华夏文明 5000 年，但这一说法并非没有争论。

有些学者认为应从二里头文化算起，只有约 3700 年。笔者认为，良渚文化就是中国 5000 年文明史的实证。

为什么这么说？

第一，良渚文化出现了超级大墓。

位于莫角山西北方向的反山遗址，是一个东西长 90 米，南北宽 30 米的大土墩，由人工搬运堆筑而成，总面积约 2700 平方米，共有 11 座良渚文化墓葬。考古工作者在这 11 座墓中发现了棺床和朱漆木棺的痕迹。据统计，反山遗址共出土了 1100 余件（组）精美玉器。墓地规格之高，可见一斑。

高等级墓葬的存在，表明良渚社会上层集团的形成。这些墓葬多占据规模大、形制完备的祭坛，随葬最精美的玉礼器。这说明上层集团拥有崇高的宗教权威，集团的首领很可能也是宗教领袖，对一定地区有宗教上的控制权。

墓中大量出土的玉钺、石钺显示，这些高级宗教人员可能同时具备世俗权威。可以推测，他们很可能也拥有宗教势力范围内的军事、行政权力。所以，这 11 座古墓应当可以称得上是“王陵”一级的墓地。

第二，良渚文化已建立成熟的宗教信仰体系。

任何宗教信仰都要被“物化”，也就是以看得见摸得着的形式表现出来，才能发挥其功用。物化的形式有三种：一是举行宗教仪式，二是制造宗教性器物，三是构造宗教性建筑。良渚时期这三种物化形式应该都存在，考古资料可以证实后两种。这说明，良渚文化的宗教信仰系统已相当成熟。

完备的玉礼器制度是良渚文化重要的宗教物化形式。琮、璧、冠形器、三叉形器等，都是宗教礼仪专用的礼器。这些重器在不同等级墓葬中的种类、数量、质量都有差别，这一现象在良渚文化遗址中普遍存在，应是系统的宗教观念支配下的产物。

目前所知良渚文化最重要的宗教性建筑是祭坛。大多数良渚文化墓地，特别是高等级墓地，都位于人工堆筑的土坛上。这些土坛也有祭坛的作用。目前发现的祭坛有 20 多处，瑶山祭坛是最高级别，出土玉器数量最多、器类最为丰富、制作最为精美，是最具影响力的祭坛。

瑶山祭坛平面呈方形，有三重土色。中心部位是“红土台”，东边长 7.6 米，北边长 5.9 米，西边长 7.7 米，南边残长 6.2 米。外围一圈灰色土，平面呈“回”字形。灰土外围是原来可能铺有砾石的黄土台。其西北南侧边缘有用砾石叠砌的多条石磡，自土台向外呈斜坡状分布，整体规模宏大。祭坛上发现 12 座墓葬，南北两列，排列整齐，共出土器物 2660 件，其中玉器 2582 件。

第三，比肩王城的古城遗址现世。

1992 年，考古人员发掘了良渚文化莫角山遗址。遗址面积 30 多万平方米，有 3 个人工堆筑的土墩，呈三足鼎立之势。6000 平方米左右的小莫角山在西北部，面积 2 万平方米的大莫角山在东北部，位于西南方向的乌龟山形若龟背，面积较小，只有 4800 平方米。据测量，乌龟山的高度最高，其次是小莫角山，面积最大的大莫角山反而最矮。

如今，很多学者认为良渚古城就是王城。

经过多年的调查、勘探，考古工作者已弄清良渚古城的轮廓。

由良渚文化诸多遗址构成的“良渚王国”，主要有三大部分，即宫城、王城、外郭城。有数据显示，30 万平方米的宫城居于遗址的中心，300 万平方米的王城围绕宫城而建，800 万平方米的外郭城是外围，它们共同构成了一个完整的良渚古国。

古城的外围还有水利工程。2006 年以来，考古学家发现了一个大型的水利工程，位于良渚古城遗址及其外围地区，鼎鼎大名的“大禹治水”比它还要晚上 1000 年。这项水利工程的发掘领队王宁远强调：“良渚古城是中国境内最早进入国家形态的地点，是中华五千年文明的实证。”

这个古国的水利系统规划和影响的范围超过了 100 平方千米。

这样宏大的格局，已经不逊色于同时期古埃及等古代文明，甚至是有过之而无不及。

第四，良渚玉器横空出世。

良渚文化的玉器制作技术非常高，良渚人应该是掌握了史前中国最先进的制玉技术。当时已经能够精确辨别真玉和假玉。江苏溧阳小梅岭可能是重要的玉材产地。在采矿和切割成料时，可能采用拉丝、石木片加石英砂等方法，玉璧、玉琮等各类器物形态规整精确。刻画估计采用燧石、钻石等硬度高的石刻雕刻器，可以在1毫米宽度内刻画出数道细线。抛光则用竹片、木片、皮毛等。线刻、减地浅浮雕、透雕、圆雕等表现技法均得到熟练应用。

主要玉器种类有玉琮、冠状饰、三叉形器等数十种，而且绝大多数的玉器上都有纹饰，比如神人兽面纹、卷云纹、鸟纹等，都是良渚文化特有的纹饰。反山墓地12号墓出土的一件玉琮，高8.9厘米，重6.5千克，为良渚文化玉琮之首，被称为“琮王”。出土的玉钺，长17.9厘米，两面都有浅浮雕“神人兽面纹”，被称为“钺王”。琮王和钺王上的神人兽面纹，神人的脸是倒梯形的，头上戴着羽冠，双手拿着玉璧，双腿盘坐，脚是三爪鸟足的形状。整个纹饰是在一个长4厘米、宽3厘米的位置上完成的，十分精美传神，被认为是良渚文化的“神徽”。

第五，扎实的经济基础。

考古工作者在良渚文化龙南遗址、钱山漾遗址、水田畈遗址等，都发现了大量的炭化稻谷遗存。龙南遗址的孢粉分析结果显示，大型禾本科花粉较前一历史时期大量增加，这表明生活在龙南遗址的古人加大了水稻的种植力度，水稻田增长幅度很大。结合当地前一时期古文化的水稻种植业发展情况，以及良渚文化所处的发展阶段，可知当时的水稻种植业是非常发达的，为全社会的发展提供了坚实的经济基础。

此外，良渚文化的家畜饲养业，制陶、治玉、制漆器、纺织等手工业，都比较发达。

第六，原始文字的出现。

考古工作者在马桥、澄湖、亭林等地良渚文化陶器上，发现了可能是刻画的文字，还有大量的刻画符号。有些学者经过研究，认为当时已经存在文字，甚至这些文字有可能是商周古文字的前身。这些文字可能已经摆脱了原始结绳记事的性质，蜕变为“文字”。

良渚遗址群虽然偏处良渚文化的一隅，但其惊人的规模和遗址密度——特别是高等级遗址的密度，使一些学者相信，它具有“王都”的性质，是整个良渚文化的统治中心，才可能出现反山、瑶山墓地等王陵级别的大墓。其他地区的良渚文化遗址也呈现出以大遗址或高等级祭坛、墓地为中心成群分布的态势，如张陵山、赵陵山、福泉山周围一群遗址，可见它们也是当时的地区性中心。

5000 年前，良渚文化以其强大的影响力，辐射了大半个中国。良渚文化之后，夏商周三代文化兴起。在夏商周三代文化中，也经常能发现良渚文化典型器物的踪影。由此可见，良渚文化对中国古文化、中华文明，都产生了深远的影响。

所以说，良渚文化实证中国 5000 年文明史。

20 去向成谜的良渚人

前文曾提到，良渚文化实证中华五千年文明史，在中国文明发展史上非常耀眼夺目。但这样的文化为什么会消失呢？没有人可以明确回答。

在很多人看来，良渚文化是横空出世的，良渚人是神秘的，并且像是突然从人间蒸发了。

良渚人是谁？对于这个问题，有很多说法。有不少人认为良渚人是三苗、越人、夏人、防风氏、蚩尤等的后代。但是，这些说法都是用基于考古学的猜想去比附古史传说，可信度并不高。

在中国古典文献中，常常都是虞、夏、商、周四代并提。如《左传·成公十三年》："征东之诸侯，虞、夏、商、周之胤而朝诸秦。"《墨子·非命下》："子胡不尚考之乎商、周、虞、夏之记？"大多数学者认为，虞代是指尧舜禹时期。但实际上，虞代应该延续了上千年。中国有多个文化遗址可以归属虞代。

陕西神木石峁古城遗址的发现，为虞代的存在提供了一个证据。石峁古城被定性为新石器时代晚期至夏代早期遗存，属于虞代的纪年范围。有些学者经过深入研究，认为石峁古城是黄帝居住的地方。黄帝是三皇五帝时期的人物，从时间上来看，这种说法是站得住脚的。

公元前 2070 年，夏启代禹继位，建立夏朝，“公天下”向“家天下”转变，也是军事民主选举制（禅让制）向君主世袭制的转化。这一重要历史事件标志着中国从此开始正式进入文明社会。夏朝文物中有不少青铜和玉制的礼器，禹都阳城和夏都的发现，都表明夏朝有规模宏大的都城（学术界认为登封王城岗遗址是阳城，二里头遗址是夏朝的都邑）。这也说明，城市、文字、金属器是衡量文明社会的三大标尺。我们不妨也用这个标准去衡量良渚文化。

良渚文化出土了大量的可以称得上是礼器的玉器、可以称作文字的刻画符号等，还有古城和堪称王陵一级的高等级大墓。从衡量文明社会的三大标尺来看，良渚文化正处于文明起源的晚期阶段，但还没有正式踏入阶级社会的门槛，还不是严格意义上的文明社会。

中国文明的起源，是在互动与交流融合中形成的多元一体格局。早在文明起源阶段，早期中国人便开始了密切接触，并不断融合。无论是黄河流域的马家窑、仰韶、龙山等古文化，还是长江流域的大溪、屈家岭、崧泽等古文化，抑或是东北地区的赵宝沟文化、红山文化，都体现了早期中国人兼容并包的胸怀。

从早期中国文化的文明曙光，到良渚文化的文明实证，再到陶寺古城、石峁古城等城池的林立，最后到二里头文化（夏文化）、殷墟遗址（商文化）、周原遗址（周文化），中国文明经历了文明起源、虞、夏、商、周的发展阶段。文明的发生、发展路线非常清楚，中华五千年文明史的序幕——良渚文化时期，或许远比我们想象的要精彩。

明确了良渚人是谁的问题，有些人就要问良渚文化从哪里来了。

考古发现，福泉山、张陵山等众多古文化遗址中都存在着这样一个地层关系：良渚文化层叠压在崧泽文化层之上。结合同一时期陶器类型演变规律，可以确定良渚文化的主体是由崧泽文化发展而来。并且，这个结论早在20世纪50年代就得到学术界的公认。

但是，根据目前的考古发现，崧泽文化玉器远不如西边的凌家滩遗址出土的玉器发达，良渚遗址群所在的良渚文化核心地带，崧泽文化并不繁荣。联想到凌家滩遗址突然消失后该地域出现的文化空白期，以及凌家滩玉器与良渚文化玉器的内在关系，不能排除良渚文化的某些重要因素是从外部引进的，比如凌家滩文化。

新石器时代晚期，环太湖流域的崧泽文化和安徽的凌家滩文化，阶层分化明显，反映了较高程度的社会复杂化现象。同一时期，黄河流域的马家窑文化、仰韶文化、大汶口文化，以及东北地区的红山文化等，都没有特别明显的阶层分化现象。

这在一定程度上说明，大概5800年前，东南地区已经率先出现了文明的曙光，而它们又直接为良渚文化的崛起奠定了基础。良渚文化走在时代的前列，良渚文化的文明高度也不是凭空出现的。

良渚文化消失后，控制其分布区域的是马桥文化，但两者文化面貌差别很大，似乎属于不同文化系统，良渚文化去向成谜。

一个已经拥有高度文明的文化却在辉煌了一千多年以后，神秘地消失了，当时到底发生了什么？为什么会消失？

针对这些问题，学术界比较流行三种看法：

第一，4000年前的时期，天气逐渐转暖，海平面上升，良渚人生活的区域开始沦为一片汪洋，还遇上了海水倒灌，当地便发生了大洪水，良渚文化因此消失。

第二，良渚人在海浸后，就移民了。他们分三个方向进行移民：1. 一部分人南下，融入到珠江流域的石峡文化中；2. 一部分人北上，与中原地区的龙山文化先民发生战争，失败后被融合；3. 一部分人留在故乡，数百年后与马桥文化逐渐融合。

第三，良渚文化的上层贵族集团太过奢侈腐化，过度崇尚神权，陶醉于制作大量的玉器，这导致部族的非生产性支出过于巨大，内部矛盾日益激化，终致灭亡。

著名学者肖飞经过缜密分析研究后，认为良渚文化消失的原因是淡水资源匮乏，而淡水资源匮乏是由大规模的海水倒灌引起的，这就使良渚人原本生活的地区变成了不适宜居住的地方，所以他们一起移民，离开今天的江浙一带。那么，良渚人迁到了何处呢？

结合现有相关考古资料和古籍记载，综合分析发现，晚期良渚人整体迁移到了今天的苏北地区。主要有三个依据：

首先，位于安徽省的薛家岗遗址和凌家滩遗址，二者虽然都具有良渚文化因素，但并不是连续发展的古文化遗址，存在断层现象。除此之外，在江西和广东等南方地区的新石器时代晚期文化遗址中，也存在类似现象。这说明，晚期良渚人迁徙到这些地区的可能性非常低。

其次，考古工作者发现 10 座良渚文化晚期大墓出现在江苏新沂花厅遗址，其中 8 座大墓有人殉现象。这 10 座大墓共出土 378 件良渚文化玉器、345 件陶器和 37 件石器，既有大汶口文化的因素，又有良渚文化的特征。有学者据此提出了这样的观点：花厅遗址早期是大汶口文化领地；晚期，当地的大汶口文化被比较发达的北上的良渚文化取代了，晚期良渚人迁移到今天的苏北地区，他们的政治中心在新沂花厅遗址附近。

最后，考古工作者在今天的苏北地区发现了很多良渚文化晚期遗址。在原为大汶口文化控制的苏北地区，发现大量的良渚文化晚期遗址，说明良渚文化晚期，有大量良渚人移民到苏北地区。

至此，良渚人去向问题有了新答案。也就是说，4000 年前的良渚人因为某种原因，离开故土，来到了苏北地区。

21 史前玉文化发展巅峰：良渚文化玉器

玉器的出现是远古石器的延续与创新，而中国玉器早在以磨制石器为主的新石器时代就已出现。它一经发明，就是作为最高规格的器物使用的，比如祭祀天的玉璧，祭祀地的玉琮，祭祀四方的圭、璋、琥、璜。西周时期的巨著——《周礼》，则将玉璧、玉琮、玉璜、玉璋、玉琥、玉圭等六种玉器称为“礼天地四方”的玉礼器。

原始社会晚期，我国形成了三大制玉中心，分别是位于长江中下游地区的凌家滩文化和良渚文化、位于东北地区的红山文化。而良渚玉器的发生与发展，见证了中国史前玉文化发展的巅峰时刻。它的制作工艺精湛，有些在今天看来仍然是不可思议的。

为什么说良渚玉器代表了我国史前玉器制造业的发展成就？这与它在祭祀等礼仪制度中的使用情况是分不开的。

首先，我们来看看礼天地四方的玉礼器——玉璜。

生活在良渚文化中的古人把玉璜当作一种礼仪性的挂饰，在部落举行宗教性礼仪活动时，巫师就会戴上它。巫师为了彰显自己神秘的身份，一般会佩戴一串由玉璜与玉管、玉串等玉饰组合而成的挂饰。值得注意的是，凡是巫师佩戴的玉璜，都刻有神人兽面纹，差别是有的纹饰简单，有的复杂。

玉璜的形状是半圆形，孔径的长短取决于半璧。文献中有很多关于玉璜形状的记载。《说文解字》中就记载了玉璜的形状："璜，半璧也。"

玉璜的主要用途是什么呢？

从文献记载来看，玉璜既可以作为配饰使用，也可以用作礼器。作佩饰时，玉璜与其他玉器一起构成组佩；作礼器时，玉璜是祭祀时的重要礼仪用品。《周礼·春官·大宗伯》中就明确记载了玉璜的用途："以玉作六器，以礼天地四方。以苍璧礼天，以黄琮礼地，以青圭礼东方，以赤璋礼南方，以白琥礼西方，以玄璜礼北方。"

在我国，早在8000年前的浙江杭州跨湖桥遗址中就出现了石璜。距今5000年左右，玉璜的使用范围扩大至长江中下游及淮河流域，如薛家岗文化、凌家滩文化，出土的玉璜规格高，数量多，使用方式特殊。

距今4000年左右，玉璜的使用范围扩大到整个黄河流域，在长江流域的使用范围也进一步扩大，尤其是良渚文化，玉璜出土量大，且有制度化的特征。

黄河流域，上游在齐家文化时期才有玉璜出现，如甘肃武威皇娘娘台遗址；中游在仰韶文化和龙山时代文化中出土了大量的玉璜，如陶寺墓葬；下游大汶口文化中出土玉璜的墓葬多伴出玉璧、玉镯、玉环。石家河文化、良渚文化等长江流域的新石器时代文化遗址同样出土了大量的玉璜。在良渚文化墓葬中，尤其是反山、瑶山、福泉山等祭坛墓地，不仅出土了大量的玉璜，还有玉冠形饰、玉锥形饰等精美玉器。

在原始社会，玉璜主要有三个作用：第一，作佩饰时，玉管、玉圆牌饰等玉器通常会与玉璜一起出土，比如良渚文化的玉璜，就成为复合佩饰的中心玉器；第二，作巫师用玉时，玉璜是身份、权势的象征，或者是巫觋身份标志或祭祀必备玉器，反山和瑶山墓地中随葬玉璜的部分墓主可能既是酋长又是巫师或巫觋；第三，作敛尸玉器，如反山墓地的玉敛葬。

其次，我们来看看古代征伐的见证者——玉钺。

钺在古代社会是一种兵器，虽具备一定的杀伤力，更多的却是充当仪卫器。在我国，钺是权力、征伐的象征。

在距今 7000 年至 6000 年的马家浜文化时期，石钺还只是工具或武器，大概从 6000 年前的崧泽文化开始，石钺才增加了礼仪的功能。玉钺则从出现起就是权力的象征。

一般认为，“戉”由“斧”演变而来，在“戉”字左边增加偏旁“金”，即是“钺”。在距今 6500 年至 4500 年的大汶口文化陶器中，就出现了“戉”形象。在山东莒县陵阳河遗址，考古工作者发现了两种不同的图像符号：一种像是对无孔刃器的摹画，另一种像是对直柄宽体穿孔状刃器的摹画。著名文字学家唐兰将这种摹画释读为“斤”与“戉”的象形。

1978 年，鹳鱼石斧图彩陶缸在河南临汝（今汝州）闫村出土，图案右边画的是一把竖立的石斧，石斧上装有木柄。有人认为这里的“斧”指的是权力的象征——石钺。据测定，这个陶缸距今已有6000年左右的历史，而陶缸的出土地则是属于仰韶文化性质的遗址。

在寺墩遗址、福泉山遗址等良渚文化遗址中，出土了玉钺、玉琮、玉璧等玉器。良渚文化时期，石斧、石钺等器物，还被良渚人当作重要的生产工具和武器，他们用这些工具开发自然资源、维护整个部落或族群的安全与稳定。

著名考古学家张忠培根据用玉琮和玉钺随葬的不同情况，将墓主分为三类：只使用玉钺随葬的人，应该是掌握军权的人物；只使用玉琮随葬的人，应该是掌握了宗教祭祀的权力，在良渚文化时期，神权和政权没有分离，所以这类人也拥有很高的政治话语权；而那些同时使用玉琮和玉钺随葬的人，既是军队的领导人，也是一个等级比较高的政治人物，同时在宗教祭祀方面也有不小的话语权。

良渚文化玉钺在材质、形制、装饰等方面存在着一定的差异，这在一定程度上反映了当时的社会结构。当古文化发展到良渚文化时期，已经形成了一种金字塔式的社会结构，下层的广大平民支撑着上层的贵族统治阶层。这种模式是通过管理和掌握社会财富来实现的。而玉钺既代表着社会财富，也是上层人士的身份象征，它们在一定程度上可以代表某类特殊人群。

最后，我们来看看祭祀天地的礼器——玉璧和玉琮。

史前时期，玉琮大量出现于龙山时代文化中，到商代仍然流行，周代便少了。玉琮是财富和权力的象征，而有些玉琮则有“敛尸”的作用，如寺墩遗址出土的“玉敛葬”。

清人吴大澂在《古玉图考》一书中明确记载了玉琮的形状：“今琮皆四方，而刻纹每面分而为二，皆左右并列，与八方之说亦合。”为了形成八方的外形特征，中间必然是圆形的，所以玉琮一般都是兼含方圆的。中国有不少古代文献都记载，玉琮可以用作礼器，用于祭祀。

《周礼·春官·大宗伯》明确了祭祀天地的要求：用苍色（青色）的玉璧祭祀上天，用黄色的玉琮祭祀大地。古人常常用苍色的圆璧象征天空，用黄色的方琮代表大地。琮的外形是外方内圆的，所以成为巫师或部落酋长沟通天地的法器。在他们的意识中，大地是方形的，天空是圆形的，玉琮中间的孔象征“天”和“地”沟通的通道；而玉琮上的动物纹饰表示巫师在动物的协助下沟通天地。

“天圆地方”的盖天说宇宙观理论大约出现于殷周时期，但其在原始社会就已萌芽。原始社会的先民认为，想要更好地生存，就得“沟通天地”并占居宇宙的“中心”。这不仅要凭借动物伙伴登天，用“外方内圆”的形状来标识“天圆地方”的概念，更要观察天地变化，提高自身的巫术能力，从而达到与天人、鬼神交流的目的，辟除邪恶。

古史上常常是玉璧、玉琮一起出现的。玉璧以内外皆圆的形制为主，中心圆孔有大有小。《尔雅·释器》中是这样区分玉璧的：将“中孔以外的边”称为“肉”，“中孔”称为“好”；“肉”是“好”的两倍就是玉璧，“好”是“肉”的两倍就是玉瑗，“好”与“肉”一样就是玉环。

玉璧、玉琮是史前社会最重要的礼器，古人一般用玉璧象征圆天或财富。更有学者认为玉璧就是“玉币”。但良渚文化的大墓不一定随葬玉璧，如瑶山祭坛墓地的随葬品中就不见玉璧，“玉币说”有待进一步证明。

“以苍璧礼天，以黄琮礼地”，古人如何用玉璧、玉琮祭祀天地?

反山墓地 12 号墓出土了一件特别的玉琮。该玉琮壁厚孔小，四个正面都刻有精美纹饰，侧视为玉琮，俯视则像玉璧，被誉为“琮王”。玉器研究专家殷志强认为这件玉琮是“琮璧合二为一的特殊礼玉”。台北故宫博物院研究员邓淑苹经过深入研究，发现玉璧和玉琮可以组合起来使用：

首先把方形的玉琮竖立起来，再把玉璧放在玉琮的顶部，然后用木棍穿过玉琮和玉璧中间的孔，这样玉璧和玉琮就组合到了一起，它们共同成为巫师沟通天地的法器。

在古代文献中，也有将玉璧和玉琮合二为一的说法，常以“璧琮”合称的方式出现。如《周礼 · 考工记 · 玉人》中记载：“璧琮九寸，诸侯以享天子。”“璧琮八寸，以眺聘。”考古发现中也有这样组合的玉琮和玉璧。在阴阳观念中，“合二为一”表达的是一种“交感”的思想，玉琮和玉璧的“合二为一”，或许也有表达“交感”的想法。

22 惊艳世界的中国“金字塔”

提起金字塔，我们首先想到的就是埃及金字塔，它一直被认为是古埃及的象征。事实上，金字塔存在于众多古代文明中，如中美洲的阿兹特克金字塔、古巴的海底金字塔、墨西哥的玛雅金字塔。

可以说，金字塔享誉全球，是古代劳动人民智慧的结晶，它的魅力让无数学者为之倾倒。你相信吗？金字塔并不是外国独有的，中国也有金字塔。

在我国，咸阳被誉为“中国的金字塔之都”。咸阳是中国第一个封建王朝——秦朝的都城。所以，咸阳城内文物景点众多，至少有4591处，遍地秦砖汉瓦，汉唐两朝28位帝王的陵寝也在咸阳。其中，汉文帝霸陵、唐太宗昭陵都是依山为陵，这些帝陵远看就像是一座座金字塔。

1981年，考古工作者在辽宁朝阳发现了牛河梁遗址，遗址性质属于红山文化，距今年代大约有5500年至5000年。在牛河梁遗址的发掘过程中，工作人员发现了远古时代的祭坛、女神庙、积石冢群（用石块搭建的墓地）、珍贵玉器，后来又发现了大型“金字塔”式红山文化建筑遗址。

牛河梁遗址发掘出土的金字塔式建筑，是中国目前发现的最为古老、最为庞大的金字塔。这座金字塔式建筑的范围大约有近一万平方米，基部直径约有 100 米，高 20 多米。整个“金字塔”的结构是用石块垒砌，夯土夯筑建成的，有台阶，还是圆形的建筑。在金字塔周围，围绕着 30 多座用石块建成的墓地，这些墓地也都是圆锥形的，大抹顶，活脱脱一群小金字塔围绕着一个大金字塔。

除了辽宁牛河梁红山文化遗址发现的金字塔式建筑外，考古工作者在宁夏回族自治区银川市也发现了“金字塔”，它就是位于西夏陵园的西夏王陵。据统计，陵区内约有 200 多座大小不一的古墓，这些大小山包状如金字塔，全部都是由人工夯筑起来的。陵园建筑设计别具一格，中外游客称这里是“东方金字塔”和“梦幻里的中国金字塔”。

纵观中国古代史，西夏以党项族为主体，1038 年在我国西北地区建立了国家，国号“大夏”，先后和辽、北宋、金、南宋并立，共传 12 帝，享国 189 年。只有以历代西夏王为代表的西夏皇室才有资格在死后葬入西夏王陵。

西夏王陵西傍贺兰山，东临银川平原，远眺黄河北流，海拔 1200 米左右，是我国现存规模最大的西夏文化遗址。从陵园规模及其地面遗迹完整性来看，西夏王陵是我国现存最大的帝王陵。整个西夏王陵区的总面积达 50 余平方公里，规模宏伟，布局严整，共有 9 座帝王陵墓，200 余座王侯勋戚的陪葬墓。

研究发现，9座西夏王陵的平面布局基本相似，有以下四个共同点：

（1）每座帝王陵墓都有面积在10万平方米左右的陵园，大部分有内、外两重陵墙，将陵园分成外城和陵城（内城）。即使不筑陵墙，也在相应的位置布置角台，以示陵园的范围。陵园基本上坐北朝南，呈南北略长、东西略短的长方形。

（2）陵城的四角建有角阙，南门外设有角城，称为“月城”，与陵城构成“凸”字形的外形特征。

（3）表示陵墓所在地的陵台位于陵城西北部，夯筑成八棱锥形，在外观上形成了西夏王陵的最大特色。

（4）帝王陵墓通常由墓城、月城、碑亭、照壁、鱼脊梁、墓冢等几部分构成。

西夏是由党项族建立的国家，西夏王陵定然会有很多党项族的特色，但我们也可以看到很多受到佛教思想、汉族文化影响建造而成的遗迹。王陵的这种特点在我国现存的帝王陵中是标新立异的。

埃及金字塔是金黄色的四角锥形，建于5000年前的古埃及时期。由巨石堆成的美洲玛雅金字塔不是一个完全的锥形，它的颜色是灰白，顶端是神殿，用来祭祀神灵，建造于3800年前。中国的金字塔比较特别，种类比较多，有锥形的，也有其他形状的，它在5000年前的原始社会出现了，在1000年前的西夏时期也出现了，同样存在着很多未解之谜。那么，这些分布于世界各地的金字塔之间有什么联系吗?

各国金字塔的用途可能是不同的，埃及金字塔的作用等同陵墓，古埃及法老死后会被葬入金字塔。而玛雅人则用金字塔进行祭祀。那么中国的金字塔呢？5000 年前牛河梁遗址的金字塔建筑周围，有很多用石块搭建的墓地，学术界称为“积石冢群”，至于还有没有其他功能，目前不得而知。1000 年前的西夏王陵，则只是一座皇家陵园。

远古时代，不同地区不同民族的人们为什么会不约而同地修建金字塔式建筑呢？这些金字塔极为神似的外形是出于纯粹的巧合，还是另有不为世人所知的原因？这些问题都有待进一步探索研究。

23 青铜时代的缘起

铜是人类最早使用的金属之一。在我国，铜的使用历史非常悠久，形成了独具特色的青铜文化。铜器产生于原始社会晚期，黄河流域的龙山文化、马家窑文化就已经出现了铜器，距今4200年左右。青铜出现后，不管是纯铜还是铜的合金，都由于机械性能不够优良，最终被青铜取代。仅仅是商周青铜器，就凭借其雄伟的造型、古朴的纹饰、精美的工艺而著称于世，堪称国之瑰宝。

那么，性能如此优良的青铜，是如何被发明的，古代的工匠又是如何利用青铜的？

相关专家学者曾经对此做了一系列研究，终于发现了古人发明青铜的方法：

第一，古人可能在冶炼红铜的长期实践中，逐渐发明了青铜。

古人在认识了“铜”这一金属之后，为了用铜矿石炼出红铜，就不断地进行实践。但炼出的红铜还是会含有一些杂质，比如少量的铅、锡、铁等金属。这种杂质的含量可能会随着人们冶炼技术的提高越来越少，当然，此时它还不是大名鼎鼎的青铜。

在长期的实践中，有些冶炼工人便慢慢认识到这种“合金（当时应该被认为是含有杂质的铜）”比红铜有更好的性能。既然有了这种认识，古人必然会想方设法冶炼这种合金。比如，先冶炼出红铜，然后再加入锡、铅等金属，调整配方，最终炼出青铜。

第二，古人可能是在开采金属矿的过程中，无意间发现了青铜。

古代人开采金属矿，通常会用到一种方法：用火烧烤岩石，然后浇水，使矿石裂缝。我们知道，锡青铜含锡 25% 时，熔点只有 800℃，如果是铜锡共生矿，只要古代工匠把冶炼温度提高到 800℃左右，冶炼出青铜的可能性就非常大。经过长期开采经验的积累，采矿工人是会认识到这种“青铜”的优越性的。只要能认识到青铜的价值，他们就会有意识地提炼青铜。

铜在古代社会生活中占有重要地位，曾经深刻地影响了古代社会的发展进程。人类最先使用的金属应该是在自然界中能直接找到的，如自然状态的金、银、铜。但是，青铜一经发明，便被迅速地应用到各个领域。人们放弃了红铜，这是为什么？

回答这个问题之前，我们先来看看青铜与红铜有什么区别。

青铜是金属冶铸史上最早的合金，当然，早期的青铜可能是铜锡合金。后来，人们把铜合金都称为青铜（但是没有黄铜和白铜），并把青铜分为锡青铜和特殊青铜两类。比如，由锡为主加元素的铜锡合金，又称为锡青铜。特殊青铜就是无锡青铜，是指加入了其他元素的青铜，铝青铜、铅青铜等无锡青铜，都具有更高的机械性能，耐腐蚀性、耐磨性也相当优异。

红铜又称“紫铜”，是从颜色上区别的。红铜在氧化前，颜色更为鲜亮，而氧化前的青铜，颜色就比较暗，是青色或者是黄色的。氧化后，红铜是黑色的，青色的青铜变成青绿色的，黄色的青铜变成巧克力色的。在性能方面，红铜的可塑性非常好。由于优良的导电性和导热性，红铜常被用来制造导电性能好的产品，比如电线、电缆、电刷等等。

青铜和红铜在历史上存在了很长时间，红铜最终被淘汰，而青铜则取代了红铜的位置。虽是两种金属之间的替换现象，却有着历史的必然。

从世界范围来看，青铜都是逐渐取代红铜的。原因主要有以下三个方面：

第一，青铜熔点比红铜低。

在物理学和化学性质上，一般合金熔点比原来的金属熔点低，硬度比原来的金属硬度高，体积比原来的金属略涨大。铜锡合金的青铜也是如此。红铜熔点为 1083℃，如果添加 15% 的锡，熔点即降低到 960℃；如果添加 25% 的锡，熔点降低到 800℃。因此，冶炼青铜比冶炼红铜更加容易。

第二，青铜比红铜的硬度高。

研究发现，红铜硬度是 35 度，如果添加 5%—7% 的锡，硬度就提高到 50—60 度，如果添加 7%—9% 的锡，硬度就可以提高到65—70度。如果添加9%—11%的锡，硬度就会提高到70—80度。这个时候，青铜的硬度比红铜硬度提高一倍以上。古人将这一发现应用到实践中，就克服了红铜质地较软带来的弊端。

同时，由于青铜硬度随着锡含量的提高，也会成正比例地提高，人们可以根据不同器类的需要对锡含量进行增减，从而铸造出硬度不同的器物。

第三，青铜比红铜更容易铸造成型。

红铜在铸造的过程中容易吸收空气，使用合范翻铸方法得到的红铜制品，往往带有气眼，表面粗糙。青铜在熔化成为液态时，流动性很强，无孔不入，冷凝时体积略有涨大，可以填满整个器范，填充性好，所以很少出现气孔。

青铜被大量应用于铸造器物后，就在古人的社会生活中产生了重要的影响，从而形成"青铜时代"。青铜时代是一个以使用青铜器为主要标志的历史时期。青铜器在当时的政治、经济、文化等领域，都占据极为重要的地位，青铜时代到底是一个什么样的时代？如何认识青铜时代？

"青铜时代"这个词，最初是由汤姆森提出的，他是一位丹麦考古学家。汤姆森在1816年被任命为丹麦国家博物馆的首席馆长，他将馆藏文物按制作材料进行了分类，划分出三个相互衔接的时代，即石器时代、青铜器时代、铁器时代。后来，汤姆森在《北欧古物导论》中对这种三段分期法做了详细的讲述。

在考古学中，青铜时代处于石器时代和铁器时代中间。结合世界上其他地区的考古发现与历史记载，青铜时代大约开始于 8000 年前，直至公元初年才结束。世界各地区进入青铜时代的年代有早有晚。

研究发现，大约距今 8000 年至 5000 年间，青铜器在伊朗南部和美索不达米亚等地区就已出现，这与欧洲人使用青铜器的年代相当。古代印度人和古埃人使用青铜器的时间向后推迟了 1000 年左右。非洲地区（不包括北非和埃及）出现青铜器的年代比古埃及人向后推迟了 2000 年，大概开始于公元前 1000 年前后，结束于公元初年。美洲地区直到 11 世纪才出现青铜器。古代中国人则在 5000 年前发明了青铜冶炼技术。

青铜铸造业在世界范围内形成了几个重要的地区，随着历史的推进，它们都成为古代文明的中心地区。

在我国，青铜时代是指夏商周三代所对应的时代。这一时期，青铜被推广到社会生活的各个领域。据统计，在中国已出土的商周时期的青铜器中，有一万多件铸有铭文，没有铭文的青铜器更是数倍于此。

在青铜时代，中国已经建立了国家，农业和手工业也比较发达，并且文字的发展也趋向成熟（这里的文字主要是指甲骨文和金文、帛书、鸟虫书）。

青铜在人类历史上是一项伟大的发明，熔点低、硬度大等优点非常突出，一经发现便被古人用来铸造各种器具。以后母戊大方鼎、虎食人卣、四羊方尊、广汉古蜀人雕像、毛公鼎、青铜编钟等为代表的青铜器，足以代表中国高度发达的青铜文化。

24 青铜时代的最大特征：青铜即政治

中国的青铜时代与世界其他国家和地区的青铜时代相比，并没有太大的特别之处。青铜被广泛应用到生产工具、生活用具、装饰品、武器等生产生活的各个领域。但是，有一个值得注意的现象，青铜武器最先出土于河南偃师二里头遗址，而二里头遗址是中国青铜时代的开端，这正好与夏王朝建国的时间相对应，夏王朝则是中国第一个奴隶制王朝。

有学者据此提出，在我国的夏朝时期出现了青铜武器，它的出现也意味着作为国家机器的军队的建立。可以这样说，在中国的青铜时代，青铜器对物质生产和社会政治都产生了直接影响。

在中国古代社会，青铜器与社会政治的紧密关系，也可以从另一种社会现象中表现出来：夏商周时期，有大批青铜器被用作礼器，并用于祭祀。这一时期所形成的鼎簋制度和礼乐制度，就是青铜器深入到社会政治生活的最好例证。

百年来的考古发现和文献记载都表明了这样一个事实：夏商周时期存在着严格的等级制度，形成了两大对立的阶级，即奴隶主贵族和广大的奴隶。在奴隶主贵族内部，统治阶级明确规定了不同等级的贵族所拥有的不同政治权力与经济地位。这种针对不同等级的规定，在青铜器的使用上也能看出严格的等级区别。

在被称为“中华第一都”的二里头遗址，考古人员发现了铸铜等手工业作坊遗址，出土了青铜爵、青铜斝等青铜器，它们的形制古朴庄重，是中国发现的最早的青铜容器。这些青铜器的铸造，意味着中国青铜器铸造业进入了新纪元。

后母戊大方鼎、杜岭方鼎、妇好鸮尊、四羊方尊、大禾人面方鼎等青铜器，都是耳熟能详的商代著名青铜器。商代是中国青铜器的繁荣时期，这一时期的青铜铸造业迅速发展。妇好墓作为现存唯一保存完整的商代王室成员墓，就能从一个侧面反映商代青铜器的发展盛况。

妇好墓位于河南安阳。墓上建有享堂一类的建筑，甲骨卜辞将它称为“母辛宗”。墓深 7.5 米，东西宽 4 米，南北长 5.6 米。妇好墓的墓室并不算大，保存完好，考古发掘时发现了丰富的随葬品，出土了青铜、玉、象牙等各种质地的文物，多达 1928 件。其中，青铜器有 468 件，玉器占 755 件，还有 564 件是骨器。除此之外，妇好墓还出土了 6800 枚海贝。

这 468 件青铜器，大部分是礼器和武器，还有炊器、食器等等，种类齐全。有 190 件铜礼器铸有铭文，铭文中有“妇好”两个字的青铜器有 109 件。妇好鸮尊、圈足觥等青铜器以造型美观、花纹繁缛见长，而三联甗和偶方彝则是前所未有的青铜礼器。刻有人面或兽面纹饰的妇好大铜钺，形象霸气而华美，它是妇好生前曾经掌握军权的象征。

为了宗法分封制的顺利推广，西周时期制定了礼乐制度，严格规定了各级贵族所能享有的待遇。当时的统治者规定：天子祭祀使用九鼎，诸侯可以用七鼎，大夫可以用五鼎，元士只能享用三鼎或一鼎。各级社会成员必须严格按照级别享有随葬用品。这充分说明，在青铜时代，青铜鼎是权力和地位的象征。

虢国是西周时期重要的姬姓诸侯国，首代国君是周文王的弟弟虢仲。虢国国君及贵族墓在 1956 年被发现，墓中出土了被誉为“华夏第一剑”的玉柄铁剑、精美华丽的“缀玉面罩”等文物。即便时代已经发展到礼崩乐坏的春秋早期，但当时的虢国国君还是按照规定使用了代表诸侯王身份的“七鼎六簋”，不敢逾越半分。

很多青铜器都有铭文，铭文记载了当时的历史。如著名的晋侯苏钟，它是西周时期的诸侯国晋国的文物，共 16 件，可分为两组，每组 8 件，大小相次，排编成两列音阶与音律协调的编钟。青铜钟上共有铭文 355 字，首尾相连刻凿在 16 件青铜钟上。晋侯苏钟的铭文叙述了周厉王三十三年（前 846 年），周厉王亲征东国、南国的历史。

西周是中国古代青铜器发展的重要时期，有许多著名的青铜器。如武王时代的利簋、天亡簋，成王时代的何尊、保卣、保尊，康王时代的盂鼎、宜侯夨簋，昭王时代的旂尊、旂觥、旂方彝，穆王时期的长由盉、丰尊、班簋，恭王、懿王时期的裘卫诸器、史墙盘，孝王、夷王时期的师晨簋、克组器群，厉王时期的攸从鼎、散氏盘，宣王时期的颂鼎、兮甲盘、虢季子白盘、毛公鼎等。它们还是青铜器断代的标准器。

东周时期，有些贵族会在各种礼仪活动中使用青铜器，以维护双方关系。青铜器因成为礼治的工具，故被称为“礼器”。

中国发现的最早的失蜡法铸件——春秋云纹铜禁，设计非常烦琐，它代表了春秋时期青铜铸造业所能达到的最高水平。正因如此，这件铜禁成为首批禁止出国（境）展览的文物之一。

春秋晚期的吴国文物——吴王光青铜鉴，鉴上有铭文 52 字，不仅说明作器原因，还记载了当时吴、蔡两国的关系。这里的“吴王光”就是吴王阖闾，也正是他重用了《孙子兵法》的作者孙武，励精图治，终成春秋时期的一方霸主。吴王阖闾把青铜鉴送给了女儿叔姬，并将女儿嫁给蔡国国君，以此来维护两国关系。

春秋时期的礼器——匏壶，出土于山西太原赵卿墓。赵卿墓是一座春秋时期的墓葬，墓主赵卿是晋国赵氏的领袖，侯马盟书的主持人。从墓葬规模、墓葬等级等方面来看，赵卿墓在春秋时期的高级贵族墓中都是排第一的。

此外，还有春秋晚期的镶嵌狩猎画像纹豆，画像描绘了古代贵族狩猎的情形。春秋越王勾践剑则号称“天下第一剑”，是春秋时期短兵器制造行业的佼佼者。

战国时期的著名青铜器也有不少。比如，这一时期最复杂、最精美的青铜器件——曾侯乙尊盘，就是用失蜡法工艺铸造的。战国中期的诸侯国中山国是狄人建立的国家，狄人在春秋战国时期是一个北方部族。考古工作者在中山王“错”的墓葬里，发现了一件特别的青铜器——错金银四龙四凤铜方案，造型风格带有典型的民族特色。

青铜器在社会物质文化和政治生活中，都产生了重要的影响。一方面，青铜被用来铸造成大量的武器，这便与军队产生了联系，而军队也是一种国家机器；另一方面，夏商周时期，贵族一般都将青铜器用作礼器，并制定了一系列的使用制度，久而久之，青铜器便成为维护等级制度的工具，甚至被作为政权的象征。

从这个意义上讲，可以这样说，中国青铜时代的最大特征就是：青铜即政治。

25 中国最早的青铜器

中国青铜时代开始于夏朝成立前后（公元前2070年左右），经夏商周，再到秦汉，有将近1500年的发展历程。尤其是在夏商周时期，青铜器文化成为当时文化的核心。百年来的考古发现显示，在我国发现的近10处青铜器遗址，有的来自黄河上游地区的马家窑文化，有的来自中原地区的龙山文化。

甘肃东乡林家遗址出土了大量的彩陶、石器、骨器，以及炭化小米和麻籽等农作物。最为重要的是，林家遗址出土了一把铜刀。这把铜刀的刀身厚薄均匀，短柄长刃，是由锡青铜模铸而成的，年代约在公元前3000年。据测量，铜刀的长度为12.7厘米，宽2.5厘米。

位于甘肃永登的蒋家坪遗址，文化性质属于马家窑文化。该遗址出土的铜刀，接近于夏朝的历史纪年，年代在公元前2300年至公元前2000年左右。

中原地区迄今发现最早的青铜器，是一片青铜器残片，它是在河南登封的王城岗遗址发现的，距今已有4000年左右的历史。王城岗遗址的文化性质相当复杂，既有裴李岗文化的地层，又有龙山文化中晚期的遗存，还有与二里头文化和商周文化同时期的遗址，但又以龙山文化遗存为主。

由此可以看出，青铜器在豫西地区出现的时间，不晚于公元前 2000 年，当时正处于龙山文化时期。也就是说，最晚在新石器时代末期，豫西地区就出现了青铜器。

从时间上来看，林家遗址出土的青铜器是中国迄今为止发现的最早的青铜器。而林家遗址是一处典型的马家窑文化类型的遗址，年代上早于中原地区。该遗址出土的含锡铜刀，证明中国在此时进入了青铜时代。这把铜刀的发现，把我国使用青铜器的历史提早了 1000 年。

百年来的考古调查与发掘表明，马家窑文化主要分布于甘肃、宁夏、青海境内的黄河及其支流泾河、洮河、大夏河、湟水等流域，距今年代大约为公元前 3300 年至公元前 2050 年。大量的考古发掘资料证明：马家窑人的经济生活以农业为主，种植小米等农作物；兼营饲养业，饲养的家畜有猪、狗、羊等。马家窑文化早中期，处于母系氏族社会，到晚期阶段，虽然还是处于氏族公社阶段，但已向父系氏族公社过渡。

为什么是黄河上游地区的马家窑文化林家遗址成为中国最早的青铜器发现地？

首先，青铜器的产生必须有一个充分条件，那就是矿产资源。甘肃有着丰富的有色金属矿产资源，据统计，目前有

200多处十种有色金属矿床。而在马家窑文化等古文化遗址中，出土铜器的地方，大多位于这些矿藏所在地，包括铜矿、铅矿、锡矿等。从这个角度来看，甘肃地区出现早期青铜器是可能的，这是青铜器产生的充分条件。

其次，从冶炼铜器的技术条件来看，马家窑人在长期的烧制陶器的实践中，积累了丰富的冶炼经验。在马家窑文化的陶器中，彩陶占有重要地位，它的烧成温度往往可达到950℃以上，对火候的认知，使马家窑人掌握了冶炼早期青铜器的必备知识。

在具备了上述两种条件后，马家窑人在偶然间冶炼出了青铜，并加以推广，最终创造了青铜器。

26 从炊器到传国重器——鼎的逆袭

中国的鼎文化与原始农业的起源与发展是并行的，它可以追溯到新石器时代。从陶制的鼎，到兴盛于夏商周时期的青铜鼎，我国鼎的发展经历了近万年的历程。尤其是在先秦时期，出现了以鼎簋为核心的青铜器使用制度。在所有的青铜器中，鼎最能代表至高无上的权力。

相传，大禹收九牧之金，在荆山之下铸造九鼎，并在鼎上雕刻名山大川、形胜之地、奇异之物，用一鼎象征一州。当时将全国分为九州，用九鼎来象征，以此表示夏王成为天下的共主，夏朝统一了中国，夏王的权力是至高无上的，他拥有所有的土地和臣民，这种做法既符合“天命”的要求，又反映了民意。此后，人们常用九州指代中国，而新王朝定都建国则叫定鼎，比如“定鼎中原”。

青铜鼎从出现时起，就是最常见和最神秘的青铜器，使用时间长达两千多年。研究发现，青铜鼎有多重身份。作为礼器时，它是传国重器、可以用来旌功记绩；古代也常用鼎来象征国家和权力，到了现代，它还被赋予了不少引申义，比如“显赫”、“尊贵”等等。

鼎到底是什么？

东汉学者许慎在《说文解字》中对“鼎”字的解释是：“鼎，三足，两耳，和五味之宝器也。……象析木以炊也。”就常见的器形而言，三足、两耳确实是鼎的形制的特征，但这样说不够严谨，因为鬲也有三足两耳。

陶鼎早在新石器时代就已出现，当时可能是用釜、陶支脚和灶组合而成的新器物，而青铜鼎应该是从陶鼎演变而来的。鼎自从诞生起，它的首要作用就是烹煮食物，古人把鼎的三条腿当成是灶口和支架，并在下面烧火，鼎内可煮水可做饭。

《玉篇》中明确记载了鼎的用途：“所以熟食器也。”意思就是，鼎是用来做熟食的器具。考古发掘出土的青铜鼎或者是陶鼎，底部与足部一般都会有烟炱，这表明，鼎确实是一种炊器。鼎的用途不限于烹煮食物，古人还会用它煮水，在举行重大宴会时，鼎又成为盛肉与盛调味品的器具。

在夏商周三代的青铜器中，鼎是最受欢迎的器物，它不仅数量多、地位高，还得到贵族、普通民众等广大民众的喜爱。在贵族的日常生活中，鼎常常被用来当作炊器或者是盛食器，“钟鸣鼎食”所描述的就是贵族的这种生活状态。

夏朝建立后，大禹铸九鼎的传说得到广泛传播，人们用九鼎象征九州，国灭则鼎迁。夏朝灭亡后，继之而起的商王朝将九鼎迁到商朝的都城——亳都。商灭周兴，九鼎又被迁到西周的都城——镐京。在夏商周三代，人们都把定都或建立新王朝称为“定鼎”。这时的青铜鼎是一种传国重器，地位超然，可以用来象征国家和权力。至此，鼎完成了从普通炊器到传国重器的转变。

古人用鼎来象征王权的一个最典型的例子，就是楚庄王问鼎中原。这一典故出自《左传》，讲的是楚庄王企图夺取天下，到周王室询问鼎的大小、轻重。后来，人们将企图夺取政权称为“问鼎”。

两周时期，周天子、诸侯国国君、王公大臣等上层社会人士，凡是得到了赏赐或遇到重大庆典，都喜欢铸鼎铭记盛典或者功德。当时还形成了一套完整的用鼎制度，即：天子九鼎，诸侯七鼎，卿大夫五鼎，元士三鼎。明确规定了不同阶层人士用鼎的数量、大小，鼎成为各阶级人士的身份标志。

秦代以后，统治阶级不再把鼎视为王权的象征。

两千多年来，鼎这个器物虽然一直都在使用，但大多是放在寺庙或者大殿的门口，主要功能有两个，一是作为装饰物，二是作为焚香的容器。这种功能的演变，可能跟佛教等宗教在中国的传播有关。

著名美学家李泽厚是这样评价鼎的：“中国青铜器以其特有的三足器——鼎，为核心代表，器制沉雄厚实，纹饰狞厉神秘，刻镂深重凸出，是我国青铜艺术成熟期最具审美价值的青铜艺术品。”

接下来，我们再来看看几个重要的青铜鼎。

出土于河南偃师二里头遗址的方格纹铜鼎，在已知的青铜炊具中，它出现最早，是当之无愧的“华夏第一鼎”。如果将方格纹铜鼎和来自中原龙山文化的陶鼎进行对比，我们会发现二者在造型和纹饰风格上是一致的，差别在于材质，前者是当时罕见的贵金属——青铜，属夏代的青铜器。该鼎外形虽略显稚拙粗糙，却暗含高贵之意，正是华夏文明初创时的真实写照。

在中国国家博物馆收藏的青铜器中，有一件“镇国之宝”，它就是“后母戊大方鼎”，铸造此鼎所需要的金属原料超过 1000 公斤。鼎身四周铸有精巧的盘龙纹和饕餮纹，增加了文物本身的威武凝重之感。这件青铜鼎足以代表商代青铜文明的发展水平，它的存在证明了殷商王朝在迁都殷墟以后，青铜冶铸业得到飞速发展，已能铸造超大型青铜器。

商代晚期的大禾人面纹方鼎，以鼎四周装饰的半浮雕人面著称于世。鼎身略呈矩形，鼎足上部有兽面纹，鼎腹内壁铸“大禾”两字铭文。对于鼎上半人半兽的“超人”的身份，至少有以下几种说法：饕餮、傩面、祝融、蚩尤、黄帝四面、邦君造像、所有者的祖神等等。

大盂鼎是西周早期青铜礼器中的重器，是目前所见西周早期大中型鼎的典型式样。它的主人是周康王时期的贵族盂，鼎内壁铸刻的 19 行 291 字铭文，讲述了周康王在位期间册命盂的历史。大盂鼎真实地反映了西周早期的政治形式，具有极高的史料价值。

西周中期的青铜重器大克鼎，是当时的大贵族膳夫克为祭祀其祖父师华父而铸造的青铜重器。整个鼎造型庄严厚重，腹内铸刻两段铭文，共28行290字，内容涉及西周的土地制度和官制。铭文字迹工整，笔势圆润，是非常珍贵的书法材料。造型雄伟凝重的大克鼎，足以代表中国古代青铜工艺所能达到的最高成就。

毛公鼎因做器者毛公而得名，是西周晚期青铜鼎由宗教转向世俗生活的代表作品。单就铭文长度来看，毛公鼎铭文是迄今为止最长的一篇，共有32行，近500字。铭文内容非常完整，与一篇《尚书》所能提供的信息量是类似的。毛公鼎铭文是西周史学者的重要研究对象，其价值意义可见一斑。

王子午鼎的主人为王子午，生前在楚国担任令尹一职（楚国的最高官衔）。他的父亲楚庄王，是春秋五霸之一，曾“问鼎中原”；哥哥是楚共王，他在哥哥在位时做过司马，也就是如今的国防部长。与王子午鼎同出的青铜器共有7件，在内腹、底和盖三个地方，都铸造了相同的铭文，涉及确切的人名、地名，大墓的主人和大鼎的主人都得以明确。王子午鼎也因此成为研究楚文化的标准器。

2400多年前，圆形的铸客大鼎是楚国的国宝，作用类似于国家公祭鼎。今天，它是国家一级保护文物，静静地伫立在安徽博物院的展厅里面，成为镇院之宝。重达400公斤的铸客大鼎，是迄今为止中国体积最大的鼎，可以煮得下一头牛。铸客大鼎上有12个字的铭文，并有“铸客”两个字，大鼎由此得名。在其中一个兽面鼎足上，有“安邦”两个字，意为安邦定国。大鼎上的铭文告诉我们，大鼎是祭天、祭祖、占卜、安邦的国家重器。

鼎承载的是文化，见证的是文明发展进程。它不仅记载了先秦时期的册封、祭祀、征伐等史实，还给后世留下了大批书法资料，更说明了夏商周三代已经掌握了较高水平的青铜冶炼和铸造技术。千百年来，鼎被赋予太多的神秘色彩，已经浓缩成为一种抽象的文化符号，成为中华民族的重要象征。

27 情有独“钟”：青铜钟的文化价值

在4000年前的新石器时代晚期，我国就已出现钟，这个时期的钟并不是青铜铸造的。当青铜被人们发现和使用后，便被广泛应用于鼎、簋、钟等青铜器的铸造上。可以说，我国是钟的故乡，我国的古钟文化源远流长。

青铜钟和青铜鼎一样，都是统治阶级王权的象征，是“钟鸣鼎食”的标志。在夏商周三代，流行悬挂编钟，有严格的礼乐制度规定。佛教传入中国后，钟有了别名，即“梵钟”或“半钟”，它与佛教文化相结合，变成了一种宗教法器。这种钟原本叫“犍稚”，又叫“信鼓”，是寺院为报时、集众而敲击之用。

钟在古今中外的古代民族中，都是最常见的乐器。在中国的夏商周时期，“钟”这种乐器用途非常广泛。

第一，作为宗庙祭祀与宗族宴享时的乐器。《诗经·小雅·楚茨》中就有相关记载，如：“礼仪既备，钟鼓既戒。”“皇尸载起，鼓钟送尸。”这表明，击钟、鼓奏乐这项行为，在贵族祭祀礼仪中是非常重要的一环。

“钟”的这种用途在两周著名青铜器中也有表现。如西周厉王时期制作的㝬钟（又叫“宗周钟”），钟上有铭文：“王对作宗周宝钟……用卲格丕显祖考先王。”这里的卲格，指的是“精诚所至，金石为开”，是指以虔诚的态度对待所祭神明，可见㝬钟也当是王室宗庙中用于祭祀之礼器。

第二，地位较高的贵族，在日常生活中击钟奏乐以炫耀其地位。这种事在《左传》中就有记载。《左传·襄公三十年》记载，郑国的伯有嗜酒，特地修建了一处窟室，晚上在窟室内饮酒取乐，还击钟奏乐。《左传·哀公十四年》记载，宋国的左师向巢每次吃饭都要击钟，击钟成了贵族炫耀的途径。

第三，钟也可以作为军中乐器。《左传·庄公三十年》就记载了这么一段话：“凡师，有钟鼓曰伐，无曰侵，轻曰袭。”这句话可以这样理解：出兵的情况可以分为三种，用“有钟鼓的声音”表示“伐”，没有就是指“侵”，而“袭”则是指轻装部队快速突击。

第四，钟可以用作礼器，刻上铭文用来铭记功劳。在周威烈王二十二年（前404）制作的钟，就记录了作器者随三晋联军伐齐所立战功与所得荣誉。

第五，在商周时期的礼乐制度中，编钟的数量与悬挂方法，昭示了贵族的地位。在古代礼仪中，钟磬悬挂的位置与数量有明确规定：天子宫悬（四面悬钟）、诸侯轩悬（三面悬钟）、卿大夫判悬（两面悬钟）、士特悬（一面悬钟）。

东汉末年儒学家、经学大师郑玄就曾说：“宫县（悬），四面县。轩县，去其一面。判县，又去其一面。特县，又去其一面。四面象宫室，四面有墙，故谓之宫县。轩县三面，其形曲，故《春秋传》曰‘请曲县、繁缨以朝’，诸侯礼也。”这段话的意思是说：古代天子使用的乐器需要悬挂四面，就像是四面墙，称为“宫悬”；诸侯不可以在南面悬挂乐器，只悬挂三面，称为“轩悬”；大夫就只能悬挂左右两面，称为“判悬”；士只能在东面或者阶间悬挂一面，称为“特悬”。

西周之际的青铜钟都是成套出现的，大小相次，排列整齐，悬挂起来就可以敲击奏乐，它们之间还存在一定的音阶关系，古代典籍把这种钟称为“编钟”。在青铜钟的铭文中，钟只有自名为“钟”或“镈”，但在其名前往往加有一些冠词。

研究发现，青铜钟的形制可以分为甬钟和钮钟二种。甬钟属于打击乐器类，因其顶端有“甬柱”而得名。我国已经发现很多套甬钟，西周甬钟知名的有柞钟、晋侯苏钟、虢季钟、虢仲钟。尤其是晋侯苏钟，钟上有铭文，证明此钟的确是代代相传，其铸造年代从西周早期一直延续到西周晚期。

春秋钮钟钟离君柏编钟，是一套 9 件的青铜钟，形制相同，大小相次。长方形竖环钮立在钮钟的顶部，用蟠螭纹作装饰。篆间有 36 枚乳钉，每面 18 枚，隧部有 4 个相向的蟠螭纹组成的纹饰。

在我国数千年的文明史中，有哪些著名的青铜钟？限于篇幅，本文仅介绍数例。

西周宗周钟与商代的钟有所区别，它将钟口从朝上改为朝下，形成了甬钟的样式，这与商朝的习惯恰恰相反。钟身穷尽奢华醒目之能事，钟面装饰了36枚高突的长形乳钉，以此构成宗周钟最突出的外形特征。据测量，宗周钟高65.6厘米，舞纵23.1厘米，舞横30厘米，两鼓相距26.2厘米，两铣相距35.2厘米，重34.9公斤。

此钟是西周晚期的著名青铜钟，共有铭文123字，是商周时期单件钟铭最长的钟。铭文记述了周厉王亲征南国，南夷、东夷等26国来朝表示臣服，为铭记这一盛事，周厉王铸造宗周钟记录此事，并祈求先王降赐子孙福寿，安保四方太平。

西周师丞钟是西周晚期的文物。据测量，这件青铜钟高76.5厘米，甬长25.5厘米，铣间43厘米，鼓间29.5厘米，重90公斤。

此钟钟体用兽面纹、云纹、鸾鸟纹、大窃曲纹等纹饰作装饰。其上共有48字铭文，主要讲述了师丞为祭祀先祖，做出大钟，并祈求长寿多福的事件。迄今为止，西周师丞钟仍然是国内最大的西周青铜钟。

秦国重器春秋秦公钟是一套5件的青铜器，形制相同，大小递减，都有铭文。

此钟共有铭文135字，具有典型的秦国书风特点，内容记述了秦公祭祀宴享其祖先的事件。秦公自叙其先祖因有功于周王室，而受封赏。文公继承先祖遗志，统治蛮方，为报答周天子赏赐的大恩而废寝忘食。

屭羌钟是战国早期的青铜器，现藏于加拿大皇家安大略博物馆。它之所以成为青铜重器，是因为它的铭文不仅有明确的周王纪年，还较为完整地记录了驫羌代晋国国君及韩侯韩景子统帅大军，在平阴大败齐军、震慑楚军，被韩侯奖赏、被晋公授予爵命一事。

战国曾侯乙编钟，共有65件，是一套大型的礼乐重器，最大的钟重203.6公斤，高1.5米左右。分成三层八组悬挂在钟架上，钟架长7.48米、高2.65米。1978年，曾侯乙编钟在曾侯乙墓出土，在湖北省博物馆是一件“镇馆之宝”。

这套编钟的出现，改写了世界音乐史，体现了战国青铜铸造业中的尖端科技水平。它所涵盖的礼乐文明，对战国时期的曾国产生了巨大的影响，在如今也是一个重大研究课题。据悉，曾侯乙编钟自出土以来，奏响了3次。第一次是在1978年举办的曾侯乙编钟原件演奏会上；第二次是在1979年新中国成立30周年国庆期间，湖北省博物馆与中国历史博物馆（现中国国家博物馆）联合举办的湖北随县曾侯乙墓出土文物展览上；第三次是1997年为庆祝香港回归，著名作曲家谭盾创作了大型交响乐《1997：天·地·人》，曾侯乙编钟完成了部分采音录制。

用铜锡合金铸成的景云铜钟，又称“景云钟”，是唐代为景龙观所铸造的青铜钟，被称为“天下第一名钟”，现藏于西安碑林博物馆。在2000年发行的《中国古钟》纪念邮票里，景云铜钟的形象赫然在列。据测量，景云铜钟高2.47米，腹围4.86米，口径1.65米，重6吨。钟身的纹饰可分为3层18

格，格内有飞天、朱雀、飞翔的鹤、行走的狮子、腾飞的巨龙、独角独腿牛等图案，另有 32 枚钟乳用于调节音律。

铜钟上的 292 字铭文，是唐睿宗撰文并书写的。铭文先是宣扬道教教义，后又介绍景龙观的来历、阐明钟的制作过程，最后是赞美铜钟。

永乐大钟铸造于明永乐年间，于万历三十五年（1607）被移到万寿寺，是中国现存最大的青铜钟。铜钟高 6.75 米，钟壁厚度不均，最厚处为 18.5 厘米，最薄处仅 9.4 厘米，重约 46 吨。钟体内外铸满了经文，多达 23 万字。永乐大钟以“五绝”著称于世：形大量重，历史悠久；铭文字数最多；奇妙的音响；科学的力学结构；高超的铸造工艺。永乐大钟是世界铸造史上的奇迹。

时至今日，流传于世的、不计其数的古代铜钟，在我国延续数千年的青铜文化中占有重要地位。它们是中华民族优秀传统文化的一个重要支撑点。这些青铜钟在研究古代中国的礼乐制度、思想史、音乐史等方面，都有重要的价值与意义。

28 大禹治水与夏朝的建立

在我们的认知里，夏朝是中国第一个有据可查的世袭制王朝，约在公元前 2070 年立国，在公元前 1600 年，被商汤所灭。一般认为夏朝的王位传了 14 代，有 17 后，大概延续了 471 年。在夏朝，统治者在位时不是称“帝”，而是“后”，“帝”是去世后的称呼。

夏朝是尧舜禹之后的一个朝代，它是怎么建立的？与大禹治水有关系吗？

在大众的认知里，夏朝的建立与大禹治水密切相关。但是，大禹治水并不足以说明夏朝的建立这一著名历史事件，因为它不是历史记载，也没有实物依据，只是一个神话传说。

相传，三皇五帝时期的中国发生了规模巨大的洪水，黄河泛滥成灾，我们称之为“史前大洪水”。尧、舜两个部落联盟的首领，先后任命鲧、禹父子二人负责治水，他们当时被封为崇伯和夏伯。鲧修筑堤防并逐年加高加厚，而不疏导河道，治水 9 年还是以失败告终。大禹吸取父亲鲧治水失败的教训，改堵为疏，最终战胜了洪水，获得了成功。

大禹治理洪水的事迹，流传了数千年，他也成为中国古代最有名的治水英雄。

因治水有功，舜将部落联盟首领的位置禅让给禹。尧舜禹时期，部落联盟内部采用“禅让”的方式进行传位，只有贤能之士才有资格被推举为部落联盟的共主。后来，禹推举东方颇有威望的偃姓首领皋陶为继承人，但皋陶早于禹而逝。禹又推举东夷首领伯益为继承人。禹死后，他的儿子启攻打准继承人伯益得到王位，部落联盟被家天下终结，中国历史从此步入早期国家文明时期。

安徽蚌埠涂山南麓禹会村遗址的发现与发掘，对于证明“大禹治水”的真实性，甚至是大禹主持召开的“涂山之会”，或者是研究江淮地区古文化的起源和发展情况，都有非常重要的学术价值。

西周中期的青铜器——遂公盨，虽然缺失了盖子，但依然是目前所知中国最早的关于大禹及其德治的文献记录。遂公盨高 11.8 厘米，口径 24.8 厘米，重 2.5 千克，器内底部铸有铭文 10 行 98 字。专家研究后认为，遂公盨是西周中期的遂国所铸的青铜礼器，其主人是某一代国君“遂公”，距今已有 2800 多年的历史。而遂公盨上的铭文，证实了大禹及夏朝的存在。

著名学者李学勤曾明确表示，遂公盨明确记载了“大禹治水”事件，非常可靠，而中国其他记载“大禹治水”的文献要比遂公盨晚六七百年。单从详细记载“大禹治水”的时间来看，遂公盨目前在我国是最早的。这件青铜器的发现表明，生活在 2900 年前的西周人，已经开始广泛传颂大禹的功绩。这说明，西周人已经普遍接受了这样一个观点：在夏、商、周三代中，夏为第一。

后世学者在解读大禹治水时，也常常认为大禹在治水的过程中通过调派各部落的人力、物力，建立起了崇高的威望，掌控了公共权力，建立集权化的夏朝也就顺理成章。

但事实真的如此吗？笔者以为不然。

首先，大禹所处的时代，邦国林立。当时的大禹，调动几个部落可能是没有问题的。文献就曾记载，商的始祖契、周的始祖后稷、秦的始祖伯益共同参与了治水，是大禹的左膀右臂。但应当不具备在长江流域、黄河流域调动不同部落群体的能力，他是无法发动大量人力、物力、财力去治水的。

大禹治水的功绩，可能可以提升夏部族的政治地位，甚至是让禹成为天下共主。但是，这种功绩不足以让大禹的后代成为天下共主。

其次，考古发现也不支持夏朝是通过大禹治水建立的。

夏商周断代工程将夏朝的起始年定为公元前 2070 年。夏朝建立前后的考古学文化发展序列是：河南龙山文化——新砦文化——二里头文化（夏文化）。

二里头遗址是二里头文化的命名地，并初步被学术界确认为夏代中晚期的都城遗址。著名学者许宏就认为二里头文化是一个广域王权国家，这在东亚大陆是最早的，堪称“最早的中国”。商周秦汉或者是之后的王朝，都传承发扬了它的文明底蕴，中国形成了以之为主流的华夏文明。

但是，二里头文化大约开始于公元前 1800 年，它是在新砦文化的基础上发展而来的。新砦文化延续了一百多年，即使将二者开始的时间叠加，也只能上推到公元前 1900 年左右。从年代上看，这与夏朝的建立时间公元前 2070 年有不小的差距。

所以，大禹治水与夏王朝的建立，甚至与考古发现的二里头遗址等古文化遗存，在年代上是无法对应的。

此外，古环境科学研究发现，在大禹所处的时代，全球性环境转折事件节点出现了两次。第一次是公元前 2500 年到公元前 2300 年，全球海平面再创新高。第二次是公元前 2000 年到公元前 1800 年，气候突然干冷导致旱涝交替。第二次的气候突变，可能就成了史前大洪水发生的重要原因之一。

国内学者研究发现，在公元前 1900 年前后，黄河流域的人类聚落断崖式减少，显著特征是遗址规模缩小，人口锐减。这一发现同样印证了上古大洪水的存在。

大禹治水的发生年代必然在夏朝建立之前，也就是早于公元前 2070 年。从年代上来讲，大禹治水的时间与上古大洪水发生的年代同样是无法对应的。

文献记载和考古发现都证实，夏王朝的中心区域在豫西、晋南一带。在夏商周断代史研究和中华文明探源工程的推动下，我们初步认识到尧舜时代到夏商之际这一时间段内的人间气象。其中，河南洛阳偃师二里头遗址的发现，为我们认识古老的“夏都”提供了契机，夏朝历史也不再是传说。

经历新石器时代数千年的发展，黄河流域的氏族部落逐渐发展壮大，最终形成了几个规模宏大的氏族联盟集团，西方将这种集团称为“酋邦”。在古史传说中很有影响的几大军事集团，就是在这个时期形成的。这时，还产生了一些部落联盟首领（西方称为“酋长”），他们既是部落联盟的“王”，也有很大的宗教祭祀特权，甚至被民众神化，比如黄河下游地区的皋陶氏、伯益氏，黄河中游地区的颛顼氏、帝喾氏，淮河流域的太皞氏，渭水流域的炎帝神农氏等等，他们的背后都站着一个大型军事集团。

上述军事集团成立后，既争夺生存资源，也交流、融合，这个时间段长达数百年，最终在公元前 2200 年前后，都建立了他们自己主导的大型部落联盟（西方称为“军事酋长国”）。其中，控制黄土高原的黄帝部落集团，统辖了 6 个巨大的部落联盟，打败控制黄河下游地区的蚩尤部落，成为活跃在黄河流域的最强大的力量。黄帝的孙子是颛顼，颛顼的孙子是禹。所以，禹的祖先是从黄帝一脉相承的。后来，大禹的儿子启在这样的政治背景下建立了夏朝。夏朝是我国历史上出现的第一个奴隶制国家。

29 震惊世界的大邑商

约公元前 1600 年，商汤建立商朝，定都西亳。

商朝是中国历史上的第二个奴隶制国家，它的存在得到同时期甲骨文的证实，这种现象目前在中国还是首次出现。从建国到灭亡，商朝延续了 500 余年，前后相传 17 世 31 王。但是，商朝的王位继承制非常混乱，既有父死子继，又存在兄终弟及，为了争夺王位，商王的儿子之间、叔侄之间，斗争异常惨烈。

商朝的第十九位君主——盘庚继位后，为了改变当时社会不安定的局面，力排众议进行迁都，新都城位于殷地（今河南安阳），历史上将这一事件称为“盘庚迁殷”。盘庚迁都以后，衰落的商朝出现复兴的局面。殷地别名“北蒙”，在甲骨文中被称为“大邑商”，横跨洹河南北两岸。作为一座商代都城遗址，殷墟兴建于商代晚期，距今已有 3300 年的历史。它的存在既有文献记载为证，又得到了甲骨文、都城遗址、大量文物考古发掘资料的证实。这种类型的古代都城遗址目前在我国还是首次发现。

商王盘庚为什么要将都城迁到殷地?

盘庚是商汤的第九代孙子，商朝的第十九个王。商朝内部因为王位继承权的问题，纷争不断。围绕着“父死子继”与“兄终弟及”的王位争夺战，商王朝已经爆发了“九世之乱”。贵族大臣们也更加奢侈腐败，许多方国和部族不再受商朝的节制，再加上频繁发生的水灾、旱灾等自然灾害，商朝出现了严重的统治危机。

迁都所能带来的政治红利，促使盘庚下定决心迁都。迁都以后，原有贵族势力的格局将会被打破，盘庚可以扶植新势力，加强王权，从而巩固商王朝的统治。

殷地地处黄河中游，北依太行山脉，南连黄淮平原，地势西高东低，洹水从此流过，土壤肥沃，适于发展农业生产，便于控制东方诸侯国，也便于进击北方的游牧民族。进可攻，退可守，管理国家十分方便，既没有外敌的侵略，新兴贵族势力又可重新开始。

但盘庚迁殷的决定几乎遭到举国上下的反对，大多数贵族担心迁都后影响原有的富裕安逸的生活，都十分抗拒。面对强大的反对势力，盘庚树起“天命”和“先王”两面大旗，宣称为百姓打算来争取民心。他多次把贵族大臣及平民百姓召集起来，对他们进行训诫，并列举了迁都的诸多好处，如:

（1）殷地土地比较肥沃，自然环境更好，更有利于建设都城、发展农业生产;

（2）殷地周边矿产资源丰富，有助于发展矿产开采和冶炼业；

（3）将都城迁到殷地后，洪水、干旱等自然灾害会大大减少，甚至可能不再发生，非常有利于农业的发展；

（4）迁都殷地后，大到王公贵族，小到平民百姓，都要重新开始，新旧贵族势力势必会得到调整，朝中政治局面将会重新洗牌，可以有效缓和阶级矛盾；

（5）殷地远离反叛势力，且地形地势更有利于都城防御，这样更容易维持一个安稳的政治局面，统治才会稳固；

（6）有利于国家政权的稳定；

…………

迁都以后，盘庚在殷地整顿商朝的政治，为安抚人心，再次发表训词，用强硬的语气训斥企图回迁的人，勉励大家同心同德，安居乐业。他说："无有远迩，用罪伐厥死，用德彰厥善。"意思就是：不管与商王有多亲近的血缘关系，有功必赏，有过必罚，赏罚分明。盘庚宣称自己有权"制乃短长之命"。这说明通过迁都，盘庚镇压了异己，商王权威上升了。

这次迁都的意义非常大，既解决了长期以来四处游离的困境，又消除了内乱。在此后的二百多年时间里，商朝一直定都在殷地。这期间，商王朝政治稳定，社会经济和文化有了更大的发展。之后，又经过武丁时代的繁荣发展，到了殷代中后期，殷地已经发展成为当时世界上最大、最繁荣的都城之一。

20世纪以来，考古工作者在殷墟发现了大批甲骨文、大群宫殿遗址、大型的陵墓和宗族墓地、各类手工业作坊遗址、大而精美的青铜器及玉石陶骨等器物，反映了殷都繁荣兴盛的盛况。

当考古发现揭开殷都的面纱时，凭借着宏大的布局，它震惊了世界。

殷墟的布局是围绕两个中心点的：第一个中心点是洹河以南的宗庙宫殿区，以小屯、花园庄为中心；第二个中心点是洹河以北的王陵区，位于侯家庄和武官村北部。在洹河两侧，是居住区和工业区，居住区附近以及外围区，分布着大片的墓葬，这里是殷商人的族墓地。

商王一般在殷墟宫殿宗庙区处理政务，当然，这里也是历代商王居住的宫殿。据统计，宫殿宗庙区共有 80 多座建筑基址，南北长 1 千米，东西宽 0.65 千米，总面积 71.5 万平方米，在殷墟遗址的地位非常高。在宫殿宗庙区的西面和南面，设置了防御设施——人工挖掘而成的壕沟，其功能与宫城类似。

著名的妇好墓也在宫殿宗庙区内，在现有的商代王室成员墓中，妇好墓是唯一一座保存完整的，只有妇好墓与甲骨文有直接联系，墓葬年代、墓主人和她的身份都十分明确。

在殷墟宫殿宗庙区，还有很多窖穴，埋藏的都是甲骨。

目前，考古工作者在殷墟范围内已发现多处手工业作坊，种类齐全，主要涉及铸铜、制骨、制玉、制陶等等。从作坊的分布看，一些作坊可能是为居住在殷墟的不同族邑所有，商王则通过某种方式间接控制这些作坊。个别作坊属于王室，为商王直接拥有。尤其是铸铜遗址的发掘，出土了大量的陶范，有特大型鼎足模、铭文范、兵器范、车马器范、工具范等，这些发现非常有利于推进殷商时期铜器冶铸业的研究工作，为殷商历史、手工业发展情况等学术课题提供了更多的实物资料。

洹水北岸的武官村北部一带，正是殷墟的王陵遗址所在地。遗址占地 11.3 公顷左右，东西长约 450 米，南北宽约 250 米。自 20 世纪 30 年代以来，在王陵区发现了 13 座大墓，不仅有祭祀坑与车马坑，还有 2000 多处陪葬墓，出土了众多精美的玉器、青铜器等文物。它是殷商王陵所在地的论断，已得到学术界的认可。

王陵东边的武官村大墓，就是后母戊大方鼎的出土地，在我国现存的青铜器中，该鼎是最重的。

在殷墟发现的大墓中，除四条墓道的大墓之外，还有不少两条或一条墓道的大墓。这类大墓，不仅出现在王陵区内，而且在后冈、殷墟西区和大司空村墓地都有发现。

而殷墟西区的族墓地，墓葬总数达 7000 座以上，目前可以分为 10 个墓区，都位于居住区附近及殷墟外围地区。这 10 个墓区各自成片分布，可能来自 10 个不同的氏族。每个氏族墓地内，还有不同的家族墓地，有几座甚至是几十座古墓。

在殷墟遗址的出土文物中，铭记历史的甲骨文是最重要的。百年来，殷墟遗址大约出土了 16 万片刻辞甲骨。

甲骨文是商代晚期的文字，有 5000 多个单字，其中 1700

多个字的释读已得到学术界的认可。它能完整地记录语言，无论是字形、造字原理，还是句子的语言结构，与今天的汉字都是一脉相承的。

郭沫若先生曾高度赞扬殷墟遗址:“中原文化殷创始，观此胜于读古书。”“洹水安阳名不虚，三千年前是帝都。”“殷墟的发现，是新史学的开端。”

殷墟是一个王国的缩影，它折射了殷商晚期将近300年的历史，因此也是独一无二、无可比拟的。

可以说，殷墟的发掘，正面回应了20世纪初开始流行的疑古之风，颠覆了传统史观中对夏商周三代历史面貌的认识，完善了商代的编年框架，使殷商史成为学术界公认的信史。在此基础上，学术界完善了商代编年框架，提供了追溯早商文化和夏文化的基点，建立了非常可靠的现代学依据。

30 妇好：一个身兼多职的商朝王后

略施粉黛，她是国王最宠爱的王后；

温婉可亲，她是王子公主的好母亲；

身披战甲，她是叱咤风云的女将军；

瑚琏之资，她是主持祭典的大祭司。

中国历史上的女将军、女政治家，各具特色，比如代父从军的花木兰、主持辽南保卫战的萧太后、抗金名将梁红玉、被列入正史将相列传的秦良玉，她们都曾流传千古。

但是，历史上有这么一个人，她既是国王最宠爱的王后，也是一位好母亲，更是一位叱咤风云的女将军，也曾主持国家大型祭祀活动。

她就是商王武丁的妻子——妇好。

妇好是一位来自3200年前的传奇女性、武丁统治集团的重要成员，更是见诸历史记载的第一位女将军，是真刀真枪在战场搏杀的指挥官。有不少武丁时期的甲骨文都记载了这位女将军。

“妇好”在甲骨文里出现过几百次。她是武丁的王后、国家的重臣，也是一方诸侯。“国之大事，在祀与戎。”妇好在祭祀和征战这两件最重要的国家大事上，都举足轻重，足见她的超凡才干和武丁对这位王后的信赖倚重。

在妇好墓随葬的青铜兵器中，有两把重约20斤的大铜钺，由此可以推断，妇好身材高大、身体强壮，否则无法使用这么重的兵器。

此外，妇好墓中出土的一枚体量较大的玉扳指，从侧面说明了妇好的高大强壮。研究发现，如果是比较壮的男子，并且身高在1.75米以上，也可以戴上这枚玉扳指。所以，妇好比商王朝的一般女子都要高，即使在现代社会，她也是一位非常高挑的女子。

商王武丁有60多位妻子，妇好只是其中之一，但她是祖引的母亲，“辛”是她的庙号。公元前12世纪前半叶，妇好用一生的时间见证了武丁重整商王朝的重大历史事件。

她的墓中出土的文物，有100多件带有铭文，据铭文推断，她姓“好”（音zǐ，同子姓），“妇”是一种亲属称谓，青铜器铭文中又称“后母辛”。

祭祀与战争是商代的两件大事，武丁在这两件大事上建立了很大的功绩。他出征、行事，事必“问天”，也就是占卜，根据天意而行。武丁在位期间，勤于政事，用人只看品行、才能，不论地位，傅说、甘盘、祖己等人即使是刑徒，但凭借自身才能仍然得到了武丁的重用。君贤臣能，商王朝势力大增，威慑四方。司马迁给了商王武丁“中兴之主”的历史评价，后代称其政绩为“武丁中兴”。

武丁的一生德行，教育了天下百姓、四方诸侯。他德风淳厚、敬天敬祖，亲自体验民生的艰难，了解民间疾苦，能够礼贤下士，任人唯贤。这是他能“中兴”商朝的主要原因。武丁时期创造的兴盛局面，也得到了甲骨文和殷墟出土文物等地下资料的证明。

结合妇好墓出土的青铜器、玉器等重要文物，以及甲骨文中记载的妇好事迹，我们会发现，妇好的人生经历非常丰富，还在武丁政治集团中扮演着重要角色。妇好的一生，既有显赫的地位、大量的物质财富，还有夫君武丁的宠爱，可以说是妥妥的人生大赢家。

在 3000 多年前，妇好的生活是怎样的呢?

作为殷商的王后，妇好享受着帝王恩宠的同时，也要承担生育王位继承人的重担，她还要参与多种宫廷事务，管理自己的封地，向商王纳贡。

首先，妇好和商王武丁作为一对夫妻，伉俪情深。

武丁是一位长寿的君王，但是作为妻子的妇好却只活了 30 多岁，在最美好的年华去世。妇好去世后，武丁把妇好葬在商朝的宫殿宗庙区附近，还在墓上建造了“母辛宗”，这是一种纪念性的建筑物。显然，武丁对妇好是聚散两依依。

妇好在世时，二人情投意合，武丁非常关心妇好。甲骨文中，“妇好”出现了几百次，而那些占卜祈告的内容涉及生育、疾病、作战等各方面，甚至妇好去世后的情形，都有记载，由此可见妇好在商王朝中的超然地位。可以想象，武丁与妇好这对夫妻鹣鲽情深的情景。

请看武丁问爱妻妇好有恙（不舒服）的卜辞：

贞：好羸，于祖辛。——占卜：妇好身体虚弱，向祖辛祈求康复。

妇好祸风有疾？——妇好伤风了会生病吗？

妇好弗疾齿？——妇好的牙齿会不会有问题？

贞：妇好嚏，惟出疾？——占卜：妇好打喷嚏了，是不是要生病了？

武丁关心妇好生活的甲骨卜辞非常多，为了妇好的身体健康，武丁不停地命令贞人（商王朝的占卜官）进行占卜，以祈求神灵的保佑。妇好英年早逝，武丁伤心欲绝，为表思念之情，武丁经常参加妇好的祭祀活动。

其次，妇好与武丁夫妻关系非常和谐，她生育了几个子女呢？

在日常生活中，武丁非常关心妇好的分娩、预产期、生男生女等情况。目前出土的甲骨文中，有大量妇好生育方面的卜辞。如：

甲申卜，縠，贞，妇好娩，嘉。——在甲申这一天，贞人縠进行占卜：妇好的孩子快要出生了，吉利吗？

三旬又一日甲寅娩，不嘉，唯女。——在三十一天之后的甲寅日，妇好分娩了，不吉利，生了个女孩。

最后，妇好的政治才能如何呢？

妇好不仅是一位王后，也是一位能征善战的女将军，而且还亲自主持庄严神圣的祭祀活动。她在商王武丁的中兴大业中扮演着不可或缺的角色。武丁曾统率“三师”，出征几十次，收复叛离的诸侯，但商代历史上规模最大的一次征战，却是由妇好挂帅出征，由此可见妇好的军事才能与政治地位。妇好的人生故事集中体现在征战四方和主持祭祀上。

（1）征战四方的女王将

用一个词来形容妇好，就是“出将入相”，“出将”指的是她对外作战，“入相”说的是她祭司的身份。

甲骨卜辞曾记载，妇好为武丁的军队征集兵员。如：

甲申卜，㱿，贞乎妇好先登人于庞。——甲申这一天，贞人㱿进行占卜：命令妇好代商王出征，并在庞地进行征兵。

在征战四方的过程中，有时妇好与武丁共同布阵诱敌，有时妇好单独挂帅出征，有时妇好也和其他将领合作连击。妇好曾经率领了商朝最大的一支劲旅，有 13000 人，征伐羌方，打了商朝最大的一场战争。这些出战，都得见于甲骨卜辞。

在武丁绥靖边疆、巩固王权的历史任务中，妇好所向披靡。妇好墓的陪葬品中，精制的发笄和威武的大铜钺并陈。“钺”这种武器是“王”的身份表征，当年商汤讨伐夏桀时就是执钺为号召。妇好墓中出土了 4 件“妇好大铜钺”，最重的达 9 公斤，显然，妇好是一位不让须眉的女王将。

妇好不仅是一位女王将，还是一位外交大使、政务要臣、警政大员、亲善大使，辅佐武丁处理政务，简直就是罕见的全才。请看这些甲骨卜辞：

贞：呼妇好往，若？——占卜：命令妇好到某处去，顺利吗？

妇好使人于眉。——妇好派人到眉这个地方出使。

贞：妇好允见有老。——占卜：妇好看望耆老。

贞：呼妇好执。——占卜：命令妇好抓捕犯人。

武丁封赏诸侯、犒赏功臣大将，没有漏下为社稷缔造了丰功的爱妻妇好；作为一方诸侯的妇好，也没有因为身份特殊而怠慢了进贡纳税的义务。

（2）主持国家大型祭祀活动的大祭司

除了王后和军事将领的职责外，妇好还有一个特殊的职位：主持祭祀的占卜官。

殷商人迷信鬼神，崇尚天命，几乎所有的国家大事都要反复占卜，祈问鬼神。占卜官既要主持祭祀还要诵读祭文，所以掌握这项最高神职权力的祭司，不仅要有广博的学识，还要有崇高的地位，能够与所谓的“鬼神”沟通。而具备这些条件的妇好，可以说几乎成了国家大事的实际决策者。

妇好死后，她的葬礼非常隆重，她一生的传奇，她死后的待遇——妇好墓的随葬品，足以撑起一座博物馆。妇好墓陪葬了1928件（组）随葬品，其中，有468件青铜器、590件玉器、560多件骨器，还有不计其数的石器、象牙制品、陶器，以及6000多枚贝壳。这些随葬品中，很多是前所未见的珍品，如精美绝伦的青铜器、叹为观止的写实动物玉器、散落的甲骨碎片，都成为无法逾越的高峰。这些随葬品共同见证了“武丁中兴”的繁盛局面。

妇好墓凭借以下四点，震惊了中外史学界，并确定了它在史学界的特殊地位：

保存完好的墓葬；

身份明确的墓主人；

丰富的随葬品；

墓中出土的随葬品中，大多都是精品，足以代表殷墟遗址出土的文物。

妇好墓是目前唯一一座身份明确、年代准确的商代王室墓葬，并且能与甲骨文建立联系。它的发现与发掘，见证了商代晚期的繁盛局面，为殷商礼制、商代社会工业发展、殷商社会历史等研究课题，提供了丰富的文物资料。

31 一片甲骨惊天下，一门学问铄古今

作为汉字的早期形式，甲骨文是一种比较成熟的文字，更是我国有文字记载以来最古老的文字，有契文、殷墟文字等别称。据统计，甲骨文主要发现于河南安阳的殷墟遗址。殷墟甲骨大多都是统治阶级进行占卜活动的记录，距今已有3600多年的历史。中国历史因为甲骨文的发现而被改写，而震惊世界的甲骨文，就像是创造了一个近世神话。

在最初的研究中，甲骨文通常被称为“龟甲兽骨文”“契文”等，还有以甲骨文的内容命名的，如罗振玉《殷商贞卜文字考》中，“贞”在商周两代的意思，就是占卜。

20世纪20年代初，陆懋德在《甲骨文之发现及其价值》一文中，首次使用“甲骨文”。这个命名得到大多数学者的认可，“甲骨文”得以正式命名。

甲骨文是刻在龟甲或动物骨头上的。因为碰到了王懿荣，人们开始认识到甲骨文的价值，它从此成了珍贵的研究资料，不再是不值钱的“药材”，这使人为破坏甲骨文的行为得以终止。一个多世纪以来，殷墟出土甲骨约有16万片，为世界文

明史留下了宝贵的篇章。

甲骨文的发现过程，既具有偶然性又富有戏剧性——国子祭酒因病得“福”，发现“龙骨”。

1899年，清朝的南书房行走、国子监祭酒王懿荣患了伤寒，用了许多药都不见好。后来，有个大夫给他换了一个药方，这个药方上包含了一种叫“龙骨”的中药，王懿荣以前从未听过，便吩咐家人拿包“龙骨”看看。

谁也没想到，就是缘于这一点“好奇”的举动，开启了我国古文字研究的又一崭新领域。

王懿荣在没被捣碎的“龙骨”上，发现了很多刻痕。龙骨这种中药，是古代大型哺乳动物的骨骼，距今至少也有几十万年的历史，它的上面为什么会有人为的规律性刻画痕迹？这顿时勾起了他的探索欲望。他翻开史料典籍，反复揣摩，发现上面的一些奇异的线条与青铜器上面的金文有些相似。经过深入研究，王懿荣发现，这批龙骨并不是真正意义上的“龙”骨，它们是龟甲和兽骨，距离清朝少说也有3000多年的历史。仔细辨认后，王懿荣识别出“雨、日、月、山、水”等简单的文字。

由此，王懿荣决定对“龙骨”进行深入研究，并向外界高价收购带字的甲骨。他先后共收购了1500余片甲骨，经过考释，初步断定刻在甲骨上的“线条”是殷商时期的文字。后来人们称这位最先发现甲骨文的人为“甲骨文之父”。

之所以把甲骨叫“龙骨”，还有一段故事。

在甲骨文还未确认之前，生活在安阳小屯村的农民在田间劳作时经常可以挖出这些所谓的药材——“龙骨”。相传，剃头匠李成是第一个把甲骨贩卖到中药铺的人。李成家里穷，身上长脓疮后，并没有求医问药，而是把从田间得到的甲骨碾碎后敷在脓疮上，没想到血止住了，脓水也被粉末吸干了。这一发现让李成惊喜不已，他大量收集甲骨，大肆宣传它的功效，并定名为“龙骨”，将之作为一种药材卖到了中药铺。

经过专家考证，“龙骨”其实是商代占卜用的工具。首先，要做好准备工作，在规整的龟甲和牛肩胛骨的背面，凿出圆形的深窝和浅槽。其次，占卜时先进行祷告，并向鬼神述说要问的事情，后用火灼烧龟甲和牛肩胛骨，因为经过钻凿的深窝和浅槽变薄了，所以最先有裂纹，裂纹显示的都是钻凿的内容。

经过火烧而产生的裂纹有长有短，有粗有细，也有看不清楚的。占卜的贞人就是通过对裂纹的观察，来判断吉凶祸福。最后，贞人根据裂纹的形状，在龟甲上的凿痕处刻写占卜的内容和结果。卜辞就是这么来的。

在商朝，这些有卜辞的甲骨就被当成国家级资料，得到妥善的保存。在当时的技术条件下，保存方法就是挖个大坑埋起来，而甲骨就是因为埋在了地下才得以保存至今。

可还没来得及深入研究，义和团运动就爆发了。八国联军以此为借口，逼近北京城。王懿荣临危受命，被任命为京师团练大臣。但脆弱的清朝终究无法力挽狂澜，王懿荣殉国，他收藏的1500余片甲骨随之流散。

王懿荣为官清廉，家中较为清贫。1902年，他的儿子王翰甫为了还债，把1085片甲骨卖给了刘鄂，刘鄂就是《老残游记》的作者。经过进一步收集，刘鹗共收藏了5000多片甲骨，在第二年拓印了一本巨著——《铁云藏龟》，公开出版了甲骨文资料，这在中国历史上是第一次。“铁云”是刘鹗的字，“藏龟”则是指他收藏的甲骨。《铁云藏龟》是我国著录甲骨文字的第一部专书，它将个别学者才有机会观摩的甲骨文，变成普通大众可以接触到的研究资料，这为更多学者提供了研究机会。不久，学者孙诒让在认真研究《铁云藏龟》的基础上，又编写了《契文举例》，这是我国第一部甲骨文研究专著。

20世纪60年代初，王懿荣的孙女王福重将家传的500片甲骨上交到天津市文化局（现天津市文化和旅游局）。

从王懿荣开始，很多学者都开始收藏、研究这些带字的甲骨。民国时期，学富五车的刘鹗、罗振玉、王国维等学者，不仅能识读甲骨上的文字，还能借文字考证史书中的商王朝。在他们的努力下，学术界开创出一门全新的学科——甲骨学。

甲骨学兴起后，罗振玉、王国维、唐兰等著名的古文字学家，都对甲骨文进行考释和研究，并取得了丰硕的研究成果。其中，有四位学者被誉为甲骨学研究领域的一代宗师，学术界将他们称为“甲骨四堂”，分别为罗振玉（号雪堂）、王国维（号观堂）、郭沫若（字鼎堂）、董作宾（字彦堂）。唐兰这样评价他们：“自雪堂导夫先路，观堂继以考史，彦堂区其时代，鼎堂发其辞例，固已极一时之盛。”

100多年来，先是甲骨文字被发现并被确认为殷商时期的国家档案，后经过众多学者前赴后继的研究，最终确定了一个距今3000多年的朝代，这个朝代就是延续500余年的商王朝。也正因如此，流行于20世纪20年代的“疑古”思潮（一些学者认为中国的可信历史始于西周）被彻底否定。

考古资料证明，商代、西周、春秋时期都有甲骨文，但以商代和西周的甲骨文发现最多，其意义也最重要。

甲骨文是殷墟最重要的文物之一。自1899年被发现以来，甲骨文已流传了120多年。

1928年以前，殷墟刻辞甲骨是由村民私自无序挖掘出土的，地点集中在小屯村一带。1928年后，在殷墟进行科学考古发掘，出土刻辞甲骨的地点不断增多。除小屯以外，甲骨文还有侯家庄南地、后冈等10处出土地。在多次大规模的考古发掘中，有20多次发现了甲骨文，其中包括3次重大发现。

1. 1936年小屯村北的灰坑出土甲骨。

这里讲的灰坑，在殷墟宗庙宫殿区，编号为YH127。坑内的甲骨排列不太整齐，彼此叠压，互相枕藉。该灰坑共出土17096片刻辞甲骨，其中，17088片是字甲，8片是字骨，有300多版比较完整的龟甲。迄今为止，这次发掘是出土甲骨最多的一次。

经分析，该灰坑可能就是殷商时期用来存放甲骨的窖穴，这坑甲骨具有如下八个特点：

（1）此坑刻辞甲骨时代较早。坑内所出的宾组、师组、午组、子组卜辞，甚至是那些因为字体的特殊性暂时还无法分类的卜辞，都是武丁时期的卜辞。

（2）发现了用墨或者朱色写成的简单文辞，这意味着殷商时期就已经出现了颜料和毛笔等书写材料。

（3）发现了契刻龟甲卜兆的现象。

（4）有不少涂朱或涂墨的刻辞。

（5）发现了一些经过改制的背甲，即将背甲改制成有孔的椭圆形，这表明殷人可能将甲骨穿成简册。

（6）发现了一些特大的龟甲，据鉴定其中有的产于马来半岛，可知殷代卜用龟甲有些来自南方。

（7）记龟甲来源的刻辞很多。

（8）全坑出土的几乎全部都是龟甲，再结合其他一些出土情况可以推断，殷代占卜用的龟甲是分开堆放的。

2. 1973 年，小屯南地出土甲骨 1 万余片，其中有字甲骨 5335 片，有卜甲、卜骨等，绝大多数都是卜骨。这是新中国成立以来，发现甲骨数量最多的一次。

小屯南地甲骨除内容丰富之外，还有如下特点：

（1）基本上完整的大版刻辞甲骨达 100 多版，这是自 1928 年以来历次发掘所未见的。

（2）骨多甲少，这又一次证明了甲与骨是异地而藏的。

（3）这批甲骨大部分属于被学者称为“历组”的卜辞，

其年代争论很大，有的学者认为这批甲骨绝大多数是康丁、武乙、文丁卜辞，只有少量的武丁、帝乙、帝辛卜辞；有些学者认为是武丁卜辞。

（4）甲骨出土时大多都有可靠的地层关系，常与陶器共存，这种出土状态有利于甲骨文分期断代研究工作的开展，为殷墟文化的分期研究提供了极其重要的实物资料。

小屯南地甲骨，不但出土数量多，而且刻辞内容也相当丰富，包括祭祀、征伐、农业、王事等内容，涉及日常生活的方方面面。这些甲骨既补充了有关军旅编制、天文、百工等方面的内容，还出现了新的人名、地名、方国名，新的字和词等，为甲骨学与商代史研究提供了大量新颖的资料。

3. 花园庄东地出土的甲骨，虽然只有 1583 片，但刻辞甲骨的数量基本上占了一半。这些甲骨卜辞的发现有重要学术价值：

（1）对于甲骨文的分期断代研究具有重要意义。

此前，学术界在对一些不见贞人的小片卜辞进行断代之时，通常与董作宾所制作的《干支字体五期演变表》中的字体进行对照，如四出锋的“癸”，一直被作为第五期的典型字体，而这种字体和一些所谓的“晚期”字体在花园庄东地卜辞中常常见到。

而花园庄东地卜辞的时代属武丁早期，这充分说明甲骨文的断代要从多方面考虑，特别要注意考古学的坑位和地层。

（2）为非王卜辞和商代家族的研究提供了珍贵的资料。

以陕西岐山凤雏村遗址和周公庙遗址为代表的西周甲骨，

数量多，内容重要，意义重大。

1977年秋，考古工作者在周原遗址的凤雏村（现京当镇贺家村）开展发掘工作，发现了大批西周时期的甲骨，出土地正是甲组建筑基址。其中有字甲骨近300片，总字数在千字左右。这是西周甲骨文的重大发现，开创了西周甲骨文的研究。

周原甲骨的原材料以龟腹甲为主，牛肩胛骨占比较少，时代为商朝末年西周初年。这批周原甲骨文的发现有重要的学术意义：

（1）为研究商代末年商周关系以及商周之战提供了重要的资料。

周原甲骨文中字数较多的几片庙祭卜甲内容涉及商王宗庙的名称、商代祖先名称，还有“册周方伯”（册封周人首领为方伯）字样，对研究商代末年商周关系有很高的学术价值。

文献记载武王即位后开始伐商，周原甲骨文中“大出于河”的记录，与《史记·周本纪》记载的武王在孟津渡河可以相互印证。

（2）为研究西周早期历史增添了新史料。“箕子来降”可与《史记·周本纪》相印证。

西周初年的两件大事——周公东征与营建洛邑在周原甲骨文中都有所涉及。周原甲骨文还有不少国族名、人名、官名、地名，对研究西周的方国、官职、人物、地理等也有很高的价值。

（3）周原甲骨文的发现丰富了甲骨学研究的内容。

周公庙甲骨的重大发现有两次。

第一次是 2003 年—2004 年，在岐山周公庙的调查中发现西周卜甲 700 多块，其中刻辞卜甲 83 片，字数最多的有 38 字。这批卜甲中，有数例与周公有关，也是周公首次出现于西周甲骨。

还有一片刻辞有“哉死霸”的月相用语，是研究周代历法的宝贵资料。刻辞涉及不少地名，以“周”和“新邑”最为常见，对研究西周早期的历史有重要的学术价值。

第二次是 2008 年新发现的甲骨，年代为西周早期。卜甲的刻辞内容，涉及人物、数字卦、纪日与月相、占梦、卜辞常用语及甲骨修治现象等九个方面。主要收获有以下几点：

（1）“王季”在古文字资料中第一次出现；

（2）毛叔郑（周武王的弟弟，本名姬郑，获封于毛邑，以邑为姓）参与武王伐纣，可作为这批卜辞较早的证据；

（3）周初王朝的一些重要人物，如周公、召公、毕公的屡次出现，说明占卜主体的等级很高，性质重要；

（4）字体多样，说明卜辞性质复杂，背后的贞人集团很大；

（5）年代为西周初年，甚至可以早到武王克商之时；

（6）纪日、月相刻辞较多，与《尚书·武成》等篇所见格式相同，是周初月相定点说的证据。

水有源，木有本。中国文字是从甲骨文演变而来的，甲骨文是源头、是生长之根，它的发现、考释、推广，成就了“一片甲骨惊天下，一门学问铄古今”的中国传奇。

32 最早的“中国”出处

幅员辽阔的中国，是一个历史悠久的文明古国。5000年的中华文明，如同一条长河，滔滔向前，奔流不息，见证了中国人的勤劳与智慧。从遥远而漫长的史前社会，到夏商周三代，及至元明清，每一个或长或短的历史阶段，都创造了一段光辉的历史，并为后人留下了古建筑、古遗址、器物、文献等文化遗产，展现了中华文化独特的精髓。

“中国”二字同样有着久远的历史。寻根问源，你知道最早的“中国”字样出现在哪里吗?

最早的“中国”字样来自于一件青铜器上的铭文，这件青铜器就是“何尊”，它的主人名叫“何”，是西周早期的一个贵族。

在中国古代史中，何尊是一件非常著名的青铜器，1963年出土于陕西宝鸡贾村镇，是宝鸡青铜器博物院的重要藏品。

何尊的铸造材料中含有铜、锡和铅等金属成分。它的口部是圆形的，尊体是方形的，四道镂空的大扉棱遍布整个铜尊，它的颈部用蚕纹图案作装饰，口沿下的部位是蕉叶纹。

整个尊体是以雷纹为底的，高浮雕的地方和圈足等部位装饰有饕餮纹。从整体来看，何尊工艺精美、造型雄奇，不仅庄严厚重，还美观大方，主体感非常强。它的造型和纹饰都有独到之处。

在铜尊内胆的底部，有一篇长达122字的铭文，其中有四个字是“宅兹中国”。“宅兹中国”的大意为：在国家的中心管理天下。这里的国家的中心是指西周的另外一个都城——洛邑，就是现在的河南洛阳。所以说，何尊铭文中的“中国”其实是“国中”，它与现在的“中国”是完全不同的概念。现在的“中国”是“中华人民共和国”的简称。但不可否认的是，何尊铭文上的“中国”字样，确是迄今为止“中国”这一词组最早出现的地方。

除此之外，何尊铭文中的“德”字，在我国也是首次出现。何尊之前，无论是青铜器铭文还是在甲骨文中，“德”字都是没有“心”的；何尊之后，用有“心”的“德”表示道德，用没有“心”的“德”表示人名等等。这种变化从侧面说明了周王朝“以德治国”的理念。

何尊铭文有一个重要作用，就是正经补史，它揭示了西周初年由谁主持营建洛邑的历史真相。铭文记载了周成王即位之初的政治举动：成王根据周武王的遗训，相继举办了一系列大型活动，比如营建成周（有的说是迁都、相宅）、举行祭祀、赏赐有功之臣。其中，铭文主要讲述了周天子对宗室何的训诰之辞，文中讲到“宅兹中国，自兹乂民”，这句话是西周开国之君周武王发表的祷辞。当时的周武王意气风发，在打败殷商王朝后到嵩山祭祀，向上天祷告，表达了他想定都天下之中以统治万民的决心。从这个角度来看，周武王规划了西周的宏伟蓝图，那就是“东迁洛邑、居天下之中”。但营建东都洛邑这一重大历史事件实际发生于周公摄政时期，并不是周武王时期。武王灭商之后，虽有建设东都洛阳的想法，但是还没有实施就去世了。成王继位后，因年幼，由周公辅佐，并主持营建东都，史称“周公营洛”。

西周在洛阳营建东都的原因，应该与当地的资源环境有很大的关系。西周初年的洛阳地区至少具有以下四个方面的优势：

首先，在地理位置上，洛邑位于西周控制区域的中心地带，也是天下之中，地势西高东低，有山有水，水陆交通优势非常便利。

其次，从水土资源分布情况来看，河洛地区一马平川，不仅平原的面积大，而且土地肥沃、水网密布，气候适宜，是理想的居住、生活之地。

然后，从动植物资源来看，西周初年的洛邑植被茂盛，种类多、数量大、植被覆盖率高。由于水草丰美，这里也生存着很多动物。丰富的动植物资源是在洛邑营建都城的一个充分条件。

最后，从矿产资源来看，3000 年前的洛阳地区，地下资源储藏十分丰富，有铁、铅、铝、铜、钨、锌、锰、镍等矿石 40 多种。这些矿藏为西周初年青铜冶炼等工业的发展与壮大，提供了极大的便利。

当然，最主要的还是出于政治目的。

周公辅政时期，发生了“三监之乱”。周武王灭商之后，命商纣王之子武庚管理殷之遗民。并在朝歌周围设立邶、鄘、卫三国，分别由管叔、蔡叔、霍叔进行管理，监视殷之遗民，他们因此被称为“三监”。因不满周公辅政，三人联合武庚发动叛乱。周公率兵东征，三年而平。

经此一役，统治者意识到西周的大本营在陕西关中地区，潼关以东的广大地区无法很好地控制，便决定在洛阳营建国都。

周公在洛水北岸主持营建周王城和成周城，史书将这个历史事件定为成王“初迁宅于成周”“宅兹中国”，后将殷顽民迁移到成周，并以成周八师监督之。当时的洛阳有很多别称，如洛邑、新大邑、成周、中国等等。成王在宗周坐阵，周公在洛阳监国，两个都城地位相当。

所以，建设东都洛邑最主要的目的，是为了更好地控制东方的新占领区和监视商朝遗民。

自周平王东迁洛邑到周景王止，周朝以洛邑为国都经历了 12 世，300 余年。

根据考古勘查发掘可知，东周初期，周王室开始在洛邑开展大规模的筑城活动，这些王城到西汉后期被废弃。城址的平面大致是正方形的，用夯土建造的城墙，保存至今仍然基本完整。周公营建的洛阳城，北墙保存较好，全长 2890 米，西墙约 3200 米。此外，考古工作者在北墙的北侧还发现了一条护城壕，深度在5米左右。

在城墙北部，考古工作者不仅发现了大量房址、水井、灰坑等遗迹，还发现有制陶、制骨、制石等手工业遗址。城址南部分布有两处大型建筑，北面的一处建筑基址，东西长344米，南北宽182米，四周建有围墙，里面是一座长方形建筑基址，附近有大量板瓦、筒瓦、瓦当等建筑材料，专家推测这里就是周王室的宫殿区。

对于3000年前的西周来说，洛邑城地处天下之中，是伊、洛、瀍、涧四水的流经之地，这里土地平坦肥沃，既是天然的粮仓，又是捍卫宗周镐京的东大门，它的地位非常重要，堪称“中国”二字。

33 探秘三星堆文明

作为一处古蜀文化遗址，三星堆的面积达到12平方千米，距今年代大约为4800年至2800年，被誉为“长江文明之源”，是中国20世纪重大的考古发现之一。该遗址的发现与发掘，力证古蜀国在4000多年前的成都平原就已存在，同时说明中华文明的起源是多元的。因至今仍有许多千古之谜难以破解，三星堆文明自面世以来便备受世人瞩目。

考古工作者在三星堆文化遗址发现了大量的种类齐全的文物，材质包括铜质、金质、玉质、石质、骨质等等。研究发现，三星堆文化与同时期的夏商文化有一定的交流，但这种文化交流是单向的，主要是三星堆文化受到了中原地区文化因素的影响，这种影响集中在礼制观念上。

可以毫不夸张地说，三星堆遗址的发掘，使一个失落的文明呈现在世人面前，成都平原的文化史也因此被改写。三星堆文明是独特的，震撼的，神秘的，神奇的……

由三个封土堆构成的三星堆文化，简称“三星堆”。古蜀人为什么要建造“三星堆”？有学者结合“三星伴月”的天文知识给出了解释：“三星堆”的排列是与参星（猎户座）的三星对应的。

三星伴月是一种天文现象。三星是指距离地球最近的三个星球：一是金星；二是木星，在太阳系的行星里，木星的重量和体积都是最大的；三是黄道星座狮子座最亮的恒星“轩辕十四”，又叫狮子座 α 星。这三颗星由西向东依次连成一条直线，犹如一串珍珠撒向晚空。专家借“三星伴月”解释三星堆，并认为三星堆是古蜀人星象崇拜的产物。

星象崇拜在中国古代文化遗址中是普遍存在的，古蜀人自然不例外。比如彝族古老的“十月太阳历”，是在“十杆测影法”的基础上产生的，并引入圭表和地平日晷的概念，将二者结合起来，将太阳的周日和周年视运动以一种直观的方式表现出来。根据地平日晷晷针日影的投向和影端位置，就可以得到这样的信息：当日所处节令和当地当天的地方时（按本地经度测定的时刻）。

彝族十月太阳历采用的是十二属相回归纪日，一个周期代表 12 天，用三个属相周期表示一个月，一个月有 36 天，1 年 10 个月，还有 5 天“过年日”，这样一年就有 365 天。另外，每 4 年闰 1 年，会加 1 天，一年就是 366 天。

在古彝族人的心里，“三”是一个特殊的存在。在古彝族人的生活中，“三”无处不在：

政权组成总是君、臣、师三位一体；

祭祀更讲究“三”，点香要点三炷，献酒要献三盅，献饭要献三碗，摆筷要摆三双，叩头要叩三次；

跳舞要跳三步乐；

盖房一般都讲盖三间，组成三间四耳加八尺；

计时也讲究三，为了协调动作，总是一、二、三，预示开始。

有关专家认为，“三”的来源有两种：一是起源于古老的生殖崇拜；二是认为“三”代表着天、地、人三界。两种说法，似乎都有道理。

基于这种理解，古老的三星堆人建立三个土堆，当时叫作祭祀圣地，也就是一件很自然的事情了。三星堆人应该也是崇拜“三”的。比如青铜神树，每棵长三层树枝，每层有三个枝杈；枝上的鸟儿，带冠毛的，也是三根毛。

三星堆的发现与发掘，震惊了国内外学术界。它既颠覆了长期以来人们对巴蜀文化的认知，也验证了文献记载中对于巴蜀古国的记载，证实了巴蜀地区在商周时期存在一个国家，这个国家不同于中原文化，却又与中原文化有联系。

作为成都平原历史最久的古蜀国的中心，三星堆是一项重要发现，其地位与世界重大考古发现相当，比如列入《世界遗产名录》的德国特洛伊古城。它的发现使传说中的巴蜀文明有了地下出土资料的证实，也使得独一无二的巴蜀文明更加光彩夺目。

截至目前，考古工作者已在三星堆遗址发现了 8 个祭祀坑。其中，最先发掘的两个祭祀坑，即 1 号祭祀坑和 2 号祭祀坑，出土了大量的青铜神像、青铜神树、青铜太阳形器等，还有精美的金器、玉石器等文物。这些器物的造型都非常奇特，制作精美绝伦，反映出它们的主人有极高的地位。古蜀人的宗教信仰和审美意识，也在这时露出了真容。

2021 年 5 月 28 日，四川省文物考古研究院面向全社会发布重磅消息：三星堆新发现6个“祭祀坑”，发掘收获非常大，有丝绸、规整精致的象牙微雕、涂有朱砂的神秘木匣等重要文物 1000 余件。

这些祭祀坑有一个非常奇特的现象，祭祀坑内出土的神像，都有被打烂的痕迹，这让很多人难以理解。笔者认为，要解开这一谜底，首先要清楚，“三星堆”人为什么要建造祭祀坑。

祭祀坑里没有人的骨骼或者骨灰罐，肯定不是墓葬。那么，三星堆祭祀坑最大的可能，是祭祖分支的遗留。

根据许多彝文古籍记载，古彝人每隔七至九代人，就要举行一次大的祭祖分支。分支之后，各支之间便可以通婚；各支的酋长，就可以率领家支族人，远距离迁徙他乡，各自寻觅、开辟自己的生存地域与空间。他们分支迁徙进入新地域后，与当地原住的古彝人结合，重新创建自己的新部落王国。如夜郎国、滇国、哀牢国、南诏国。

每次祭祖分支，都要朝拜九天九夜，祭祀仪式包括三大项：祭天、祭地、祭祖。每个部落王国前来参加朝拜祖灵的都有数百人，规模盛大，热闹非凡。每次祭祖分支后，家族共有的物品，都全部损毁砸烂埋葬，象征一个旧时代的结束和另一个新时代的开始。

由此，我们可以这样认为：三星堆遗址是三支古蜀人祭天、祭地和祭祖的塔，而祭祀坑是祭祀后的器物掩埋坑。

在三星堆文化面貌的构成要素中，既有来自中原地区的夏商文化因素，又有来自鄂西川东峡区的文化传统因素。根据相关专家学者的研究，三星堆文化的精神内涵和文化特色集中体现在一个字上，它就是“神”，既是神圣的，又是神奇的，还是神秘的。

首先，三星堆人建立了完善的宗教信仰体系和庄严的宗教圣地，三星堆文化因而是神圣的。

考古工作者在三星堆 1 号祭祀坑发现了 420 多件精美的文物，2 号祭祀坑发现了 1100 多件器物，4 号祭祀坑发现了一根重达 100 多斤的象牙……

三星堆“祭祀坑”出土了大量重要的文物，可以分为神像、礼器等七大类。详情如下：

（1）人像类器物主要是造型独特的青铜像，它们都是根据真人的大小铸造的；

（2）神像类器物是指各种青铜面具和青铜眼形饰件，制作方法非常夸张，目的是供人膜拜；

（3）三星堆文化出土的青铜神树上有鸟、龙、仙果等神物；

（4）三星堆文化里的神坛，有的用灵兽、祭师、神殿构成了完整的祭祀场面，借此表达天地人三界的宇宙观念；

（5）动物造型的文物非常多，主题以鸟、鱼、蛇、虎、龙、凤等为主；

（6）礼器类以青铜礼器和玉石礼器为主；

（7）祭器主要是祭祀中使用的器具和物品。

这些器物都代表了古蜀人特殊的文化和意识观念，并在此基础上形成了一个原始宗教信仰体系。这个体系可能包括三星堆人对自然、祖先等的崇拜。可以这样说，在古老的三星堆人中，主要流行三类图腾崇拜：

其一，对天然物体产生的“自然崇拜”，它是以崇拜“神树”为代表的；

其二，对某些动植物产生的“图腾崇拜”，比如“鱼”“鸟”等；

其三，对“纵目神”的祖先崇拜，主要是通过眼睛纹饰体现出来。

可以想见，三星堆人在举行神圣的宗教活动时，吸引了周边众多的国家和民族前来交流、互动，三星堆古城可能就此发展成为多元文化交流的中心地区。

值得一提的是，三星堆遗址出土的文物中，并没有实用的兵器。由此可以推测，三星堆古城可能是一个宗教活动中心或政治中心，这个中心是不设防的。

其次，三星堆文化是神奇的，主要体现为人像、神像等器物造型的神奇。

三星堆文化遗址有墓葬、祭祀坑、城墙等遗迹，出土了数量众多的文物，它们造型奇特，神态生动。在这批文物中，铜立人像、面具、青铜神树等文物，是最让人称奇的，数量还非常多，目前已出土几百件。它们是三星堆人举行宗教活动时专用的器具，是献给神的礼物，因而蕴含着深厚的感情和强烈的愿望。

数千年前，三星堆人用出神入化的艺术创作来表现他们的信仰：信仰的神用威严的面具来表现，沟通天地的巫师用与真人等大的人像进行表现，而崇拜观念则用各种动植物造型进行模拟……这些艺术创作非常生动传神，还蕴含了当时的文化因素，足以代表三星堆人高超的艺术创作水平。

最后，三星堆文化是神秘的，三星堆遗址既没有历史记载，又是突然消失的。

三星堆遗址及其出土文物，给我们提供许多重大学术课题的同时，也将众多难以破解的千古之谜呈现在世人面前。包括三星堆遗址在内的三星堆文化，在古代文献中没有任何记载。规模如此宏大的古城，如此发达的古代文明，它的出现很突然，消失很神秘，为我们留下了无数的谜团。比如：

（1）三星堆文化的时代、地域和文化性质如何定义；

（2）三星堆文化是由谁创造的；

（3）三星堆文化源自何处；

（4）三星堆文化是怎么消失的；

（5）三星堆人的族属与构成是什么；

（6）三星堆人所建立的政权如何定性，他们的宗教信仰怎么解读；

（7）数千年前的三星堆人就已掌握了高超的青铜冶炼技术，如何解释这一现象；

（8）三星堆出土器物所表现的“巴蜀图语”怎么解读；

…………

这些谜团都有待进一步研究。相信在不久的将来，三星堆会再次给我们带来惊喜。

三星堆以其独特的文化造就高峰。神圣的信仰是主体，神奇的创作是外在表现，神秘的文化因素是必然结果，它们共同构成了一个“神奇”的三星堆。

34 三星堆和金沙遗址金器的文化内涵

李白在《蜀道难》中写道:“蜀道之难，难于上青天！”

杜甫在《赠花卿》中写道:“锦城丝管日纷纷，半入江风半入云。”

张籍在《成都曲》中写道:“锦江近西烟水绿，新雨山头荔枝熟。”

《蜀王本纪》中记载:“蜀王之先名蚕丛，后代名曰柏灌，后者名鱼凫。此三代各数百岁，皆神化不死，其民亦颇随王化去。……后有一男子名曰杜宇，从天堕，止朱提。”

…………

古时蜀地虽然偏远，它的历史却从不枯燥。由成都平原孕育成长的蜀文化，是一脉相承的，存在一条完整的发展序列，展现了古蜀人日常生活的方方面面。考古发现证实，古蜀文化有四个发展阶段，即：史前时期的古城址群（4000 年以前的古城遗址）、三星堆遗址（距今年代大约为 4800 年至 2800 年）、金沙遗址（距今年代大约为 3200 年至 2600 年）、船棺葬文化（战国时期），它们共同证明成都平原是我国的文明起源地之一，中华文明起源机制是多元的。

闻名中外的三星堆遗址，是一处内涵非常丰富的古蜀文化遗址，鉴于发现的古城和它所代表的古文化阶段，三星堆又是一处古城和古国遗址，文化内涵极其丰富。

金沙遗址则再现了古代蜀国的辉煌，是古蜀王国的都邑。据统计，金沙遗址出土金器、铜器等珍贵文物达到5000多件，它的重要性不亚于三星堆遗址。金沙遗址的发现与发掘，丰富了蜀文化的内涵，为解决三星堆文明的去向问题提供了丰富的地下出土资料。

三星堆遗址和金沙遗址都出土了大量精美的文物，其中就包含众多金器。我国目前已知年代最早的金器是出土于甘肃玉门火烧沟遗址的一件金耳环，主要作用是装饰，金制器物很少。而三星堆遗址和金沙遗址出土的金器种类丰富、形制精美，令人瞩目。因此，本文就以两处遗址的代表性金器为例，来探讨其背后所蕴藏的文化内涵。

（1）来自三星堆1号祭祀坑的金杖

三星堆1号祭祀坑出土的金杖是非常著名的金器，闻名遐迩。它的制作工序很简单，但技术要求高，主要是捶打成金皮，绘制图案，最后用一根木杖卷起来。这根金杖中包裹的木杖已经腐烂，只剩金皮。有学者认为，金杖来源于西亚近东文明。

在中国同时期的金器中，金杖是最大的一件，现藏三星堆博物馆。据测量，金杖有一斤重，长1.42米，直径2.3厘米。

在金杖的一端，是精美复杂的纹饰，大约长46厘米。纹饰中的图案表现了两个内容：其一，一组相同的人头像，头戴巫冠，耳朵佩戴了三角形耳坠，满脸笑容；其二，用背靠背的鱼和鸟表现了两组相同的图案，有一把箭贯穿了鸟的脖子和鱼头。

这组图案究竟表现的是什么内容呢？2006年第2期的《江汉考古》杂志中刊登了一篇名为《三星堆金杖图案内涵及金杖新论》的文章，论述了这样一个观点：金杖上的图案可能是用来表示两个部族联盟的，这两个部族联盟是以鱼和鸟为祖神标志的，它们最后形成了鱼凫王朝，而图案中的“鱼”和“鸟”共同代表了鱼凫王朝，它们是一种徽号。

关于金杖的性质，学术界流行的观点主要有王杖、法杖、祭杖、法器等等。多数学者倾向于认为金杖象征着王权与神权，在政教合一的古蜀国，是一种“王者之器”。

（2）来自金沙遗址的鸟首鱼纹金带

在同一时期的金器中，出土于金沙遗址的鸟首鱼纹金带也是非常有代表性的存在。整体来看，鸟首鱼纹金带的整个器表都是两条奇怪的鱼纹饰，纹饰是对称的，鱼头向外，“丫”字形鱼尾对着“丫”字形鱼尾。鱼的嘴巴特别长，至少占据了一半的鱼身，梭形的鱼眼，桃形的鱼腮，虽然有鱼鳍，但没有鱼鳞，看起来特别凶猛。这一纹饰表明，古代巴蜀地区确实存在以鱼和鸟为图腾的部落。

（3）来自金沙遗址的太阳神鸟金饰

整体来看，这件太阳神鸟金饰是一个圆形薄片，非常轻薄，厚度只有0.02厘米，重量只有20克，内径5.29厘米，外径12.5厘米。金饰上的图案有两层，是用镂空的技法表现的，用12条旋转的齿状光芒构成了内层图案，这些图案是等距离分布的；外层图案表现的是4只围绕内圈飞行的鸟，鸟是逆时针飞行的。

太阳神鸟金饰上的图案反映的是远古人类的神话传说故事——金乌负日，承载着3000年前中国人的飞天梦。这个金饰的制作，体现了太阳崇拜和鸟崇拜在以金沙遗址为代表的古蜀人中非常流行，是他们热爱生命和运动的体现。可以说，太阳神鸟金饰代表了古蜀国所掌握的最高水平的黄金制作工艺。

2005年8月，国家文物局决定采用太阳神鸟金饰作为中国文化遗产的标志。

除此之外，三星堆遗址和金沙遗址出土的金器还有金箔璋形器、金面罩、卷云纹金喇叭形器、人面鱼鸟箭纹金王冠带等等。这些出土的金器上大多都有鱼纹或者鸟纹，或者与鱼和鸟有关，这是为什么呢？

从古史记载来看，蚕丛、柏灌、鱼凫等都是生活在成都平原的部落首领，是土生土长的，而杜宇和开明氏是外来的。在中国的神话传说中，杜宇死后化为杜鹃鸟，所以杜宇族可能是一个以鸟为图腾的部落。而开明氏的部落图腾很有可能就是“鱼”，《蜀王本纪》记载：“荆有一人名鳖灵，其尸亡去，荆人求之不得。鳖灵尸随江水上至郫，遂活，与望帝相见，望帝以鳖灵为相。时玉山出水，若尧之洪水，望帝不能治，使鳖灵决玉山，民得安处。……鳖灵即位，号曰开明帝。”

两大遗址出土的金器上所使用的纹饰，都有一个奇怪的现象：只要是鱼，都非常凶猛、可怕；箭尾带着鸟羽的箭，插在了鱼头上，这表明鱼和鸟是敌对的，它说的是以鱼、鸟为图腾的两个氏族是敌对的关系。结合古蜀国历史，我们认为这种纹饰反映的是域外的开明氏与土著杜宇族展开了激烈的争夺。

三星堆遗址出土的金面罩和青铜人像出自一个祭祀坑，二者有一个很重要的关系：面具与人像面部大小相当、外形特点类似，可以佩戴。类似的现象在其他青铜人头像上也有发现。黄金非常难得，这就更衬托出佩戴之人的高贵地位。

这一时期，金面罩的作用似乎类似于面具，古蜀人是祭祀祖先时一般会用到金面罩。从这个角度来讲，三星堆人和金沙人制作的金器，可以作为通神（祖先神）的工具，这是一种崇拜祖先的行为，也带有某种宗教信仰观念。

多年来，考古工作者在三星堆遗址和金沙遗址开展的科学发掘活动，发现了包括金器在内的大量珍贵文物。它们可能是宗庙重器，象征着一个朝代，当这个朝代灭亡时，胜利者就会将之当作战利品，据为己有。经过多年的传承，可能就变成了一种祭祀用器。所以，这些珍贵文物所携带的文化信息是异常丰富的。从这些文物入手，也许我们就能揭开古蜀国神秘的面纱。

35 关东最古老民族的象征：楛矢石砮

楛矢石砮这一奇特武器，是肃慎族创造的。肃慎族是关东最古老的民族。它最初只是一种狩猎工具和贡物，后来成为关东地区与中原联系的纽带和媒介，也是肃慎文化的特有标志。楛矢，就是用长白山区的楛木（有学者认为是桦木或者绣线菊）制作的箭杆；石砮是一种用青石磨制的箭头，也就是石镞，它的原材料青石出自松花江；将磨制好的石镞固定在箭杆的一端，就是一根完整的楛矢石砮。

春秋时期，孔子在见到楛矢石砮后，识别出肃慎国。故事这样展开的：

有一只鹰死在了鲁国陈惠公家的院子里，鹰的身上中了一支箭，箭长一尺八寸。众人对此甚是好奇，陈惠公不知道这是什么箭，询问众人也没有得到答案。这时，有人说学识渊博的孔子可能知道答案，陈惠公便派人去向孔子请教。孔子说："鹰是从遥远的地方飞来的，身上的箭叫作'楛矢石砮'，是东北的特产，为肃慎国所造。"

这是最初关于楛矢石砮的故事，是孔夫子向天下做的一个广告。

那么，为什么说楛矢石砮是关东地区的肃慎人制造的？它有什么用途？要回答这些问题，还要追溯到西周时期。

西周初年，周武王攻克商王朝后，打通了连接周边各民族的道路，当时要求这些民族进贡各自的特产。远在关东地区的肃慎人就进贡了楛矢石砮：箭杆是用楛木做的，箭头是用石头做的。周武王将箭杆末端刻有“肃慎氏贡楛矢”的箭赏给女儿大姬，大姬将箭当作嫁妆，带到了陈国。

在两周时期，周天子为了提醒异姓诸侯国效忠于自己、不要忘记臣服周天子，一般会把远方的贡物赏赐给这些诸侯，楛矢石砮便在其中。

楛矢石砮的存在说明，肃慎先民的工具大多是用石器制造的，狩猎成为他们的主要经济活动。当然，这与长白山地区地理环境的影响有很大关系：气候严寒，山高林密，动物成为当时主要的食物来源。

楛矢石砮是肃慎人的独创，肃慎族又是一个什么样的民族呢？

肃慎又称“息慎”“稷慎”，是我国东北地区最古老的民族之一，古老的肃慎人很早就生活在东北地区宽广而深邃的土地上。6000 年前的新开流文化，3000 年前的莺歌岭文化……都是由肃慎人创造的古文化，是以渔猎为鲜明特色的。

新开流文化因为最先发现于黑龙江密山兴凯湖畔的新开流遗址而得名，年代不晚于公元前 4100 年，是黑龙江地区非常古老的古文化。出土文物揭示了古代肃慎人的食物来源，以及艺术生活、经济文化生活等等。比如肃慎人的图腾——海东青鹰首骨雕，长 7 厘米，是一件骨质的圆雕作品。

镜泊湖畔的莺歌岭遗址位于黑龙江宁安镜泊村，应该是肃慎人的文化遗存，当时正处于商周之际。有学者将莺歌岭文化分为上、下两层，上层距今 3000 多年，相当于中原王朝的商周时期；下层距今 6000 年至 5000 年，相当于新石器时代晚期。出土的小陶猪具有驯化的特征，说明肃慎人已有初期的畜牧业；出土的鹿角锄，可证明肃慎人已有了原始的农业。

春秋战国时期，肃慎社会有了进一步的发展。各个小家庭组成一个大的氏族公社，每个氏族公社大体上有一百多人到数百人，许多氏族公社又组成部落。

石器是肃慎人的主要生产工具。他们用石刀收割庄稼，用石斧砍伐树木，开垦土地，种上可以食用的大黄米和小米。男人主要负责狩猎和农业生产；女人主要从事纺织、家务、饲养家畜（主要是养猪）和部分农业生产，她们用纺轮将麻纺成线，织成麻布，再用骨针缝制成简单的衣服。

原始经济活动以渔猎采集和农耕为主，生活在黑龙江流域的古老的肃慎人，在肥沃的黑土地上，在茂密的森林中，辛勤地劳作，共同创造了地域特色浓郁的古代文明。

汉代以后直至两晋，肃慎又称“挹娄”，《后汉书·挹娄传》明确记载，挹娄是古代的肃慎。学术界一般认为，波尔采遗址和东康遗址是挹娄人创造的文化遗址，文献资料中也有与挹娄人的生活有关的记载，可以将二者进行比对，并相互印证，从而更好地研究挹娄人所创造的文明。

考古工作者在黑龙江下游地区的波尔采遗址中，发现了烧熟的小米粒、大黄米粒，还有磨盘、磨棒等石器。这足以证明挹娄人种植五谷，使用了脱谷器具，原始农业得到了发展。该遗址出土的鱼钩、骨器、网器等文物，说明挹娄人主要从渔猎中获得食物资源。挹娄人喜欢养猪，规模非常大，这是因为遗址中出土了大量的猪骨。显然，养猪可能是挹娄人的重要产业，并成为其文化特色。与这种养殖业相适应的是，挹娄人骑射非常好，遗址中出土的大量石镞足以证明他们超强的骑射能力。

这一时期，挹娄人制作的楛矢石砮比肃慎时有了显著改进，发展到可往镞尖上施毒以增强杀伤力的水平。

牡丹江支流马莲河北岸的东康遗址，年代相当于中原地区的三国时期。从出土的石器工具、陶瓷生活用具可以看出，挹娄人主要从事较原始的农业、畜牧业和渔猎业。

南北朝时，挹娄又改称“勿吉”。勿吉各部落分布在长白山以北的广大地区，黑龙江、牡丹江、松花江等几大河流流经他们生活的地区。位于黑龙江鹤岗绥滨的同仁古城遗址，东西长约 1000 米，宽 200 米，出土了大量的生产工具和生活用具。研究发现，该遗址的早期是肃慎人、挹娄人文化，中期为勿吉人文化，晚期为辽金时代女真文化，因此被定名为“同仁文化”。同仁文化是我国考古界第一次接触的勿吉人文化。

隋唐时期，肃慎人被称为“靺鞨”，可分为白山靺鞨、粟末靺鞨、黑水靺鞨等部。其中，粟末靺鞨的首领大祚荣建立了号称“海东盛国”的渤海国。辽代时，肃慎人被称为“女真”。清代建立后，清太宗皇太极改族名为“满族”，一直流传至今。

随着历史的演进，楛矢石砮这一古老关东文化的象征物，昭示着生活于我国东北地区的古人类开发自然的壮举，又谜一样地走进乾隆皇帝的诗中，题为《斐阑》：

榆柳弯弓弦檿丝，剡荆作箭雉翎皺。
壮行幼学率由旧，蓬矢桑弧匪袭为。
揖让岂知争君子，阊抨惟觉惯童儿。
曾闻肃慎称遥贡，可惜周人未解施。

楛矢石砮是肃慎人狩猎劳动的工具，是肃慎人点兵沙场的武器，也是肃慎人的文化标志。它作为一种劳动工具，保障了肃慎人的基本生活，延续了肃慎人世代繁衍的活力；它作为一种武器，使肃慎人始终充满亢奋的勃勃生机；它作为一种文化标志，把一种地域的历史文明与执着的信念有机地糅合在一起，成为这个民族在中国历史上尽情挥洒聪慧、勇敢与勃勃雄心的巨大推动力。

36 春秋莲鹤方壶的文化内涵

鹤是一种生活在河边或沼泽地带的鸟，以捕食鱼、昆虫等为生。鹤的寿命比较长，它的文化历史也非常久远。远古中国就已出现鹤的图腾，《诗经》中还有与鹤有关的记载，比如“鹤鸣于九皋，声闻于天”。

在中国传统文化中，鹤的地位非常重要，古人用“鹤鸣之士”来形容有才德有声望的隐士，用鹤来象征圣洁、清雅、长寿。不仅如此，流传数千年的鹤文化，对我国的青铜铸造业也产生了重要影响。比如，铸造于春秋中期的青铜器春秋莲鹤方壶，就深受鹤文化的影响，器盖上设计了一只展翅欲飞的仙鹤。

1923 年 8 月 25 日，河南省新郑县（今新郑市）县城南街的农民李锐在其菜园中凿井时，偶然挖到一座古墓。军政当局收到消息后，迅速组织挖掘，并追缴被藏匿及售出的文物。据统计，这座古墓共出土器物 700 多件，其中仅青铜器就有 100 多件，学术界将这批青铜器称为“新郑彝器”。它是中国开始科学考古以前发现的年代最早、保存最为完整的春秋铜器群。

由于古墓里出土了一套大牢九鼎和一套大牢七鼎、八簋、编钟等青铜器，有学者据此推断，新郑彝器的主人是郑国王室，当时是作为祭祀重器使用的，墓主可能是某代郑国国君。这种说法目前已得到学术界的认可。专家将这座大墓称为“河南新郑李家楼春秋郑国国君大墓”，又称为“郑公大墓”。

1927 年，河南博物馆筹委会在河南省成立，它收藏了很多具有重要历史、文化、艺术价值的文物，而这批几经周转的新郑彝器，一经展出，便成为河南博物馆（现河南博物院）的“镇馆之宝”。有人用一句话总结了新郑彝器和河南博物馆的关系：“先有郑公大墓，后有河南博物馆。”

这批新郑彝器中，最著名的便是春秋莲鹤方壶，它被称为“东方最美的青铜器”“青铜时代的绝唱”。

1949 年冬，国民党政府计划将文物运到台湾，春秋莲鹤方壶等已经被打箱，运抵重庆机场，马上就要登机飞往台湾，中国人民解放军在这关键时刻赶到，救下了这批珍贵文物。

1999 年，国务院把仿制的莲鹤方壶当作外交礼品，赠送给各国领导人。

2002 年，国家文物局规定：国宝春秋莲鹤方壶禁止出国（境）展览。

需要指出的是，春秋莲鹤方壶其实有两件，一件藏于河南博物院，一件藏于北京故宫博物院，二者只是在高度上有细微差别。

壶在古代中国是一种盛酒器，也可以盛水。《仪礼·聘礼》中记载："八壶设于西序。"注："壶，酒尊也。"其他文献或铭文中也有关于壶的记载，比如《周礼·挈壶氏》记载："掌挈壶以令军井。"郑司农云："谓为军穿井，井成，挈壶县（悬）其上，令军中士众皆望见，知此下有井。壶所以盛饮，故以壶表井。"伯旖壶铭文："用自作醴壶。"这些都十分清楚地说明了壶的用途。

在我国，青铜壶的制作上起殷商时期，下至秦汉时期，随着时代的变迁，壶的形制也不断变化，但都保持了基本的形状——圆形。

春秋莲鹤方壶是壶中翘楚。我们可以从春秋莲鹤方壶上看到精妙的造型，工整的铸造工艺，壶上神兽、仙鹤、老虎等形态复杂的纹饰，春秋莲鹤方壶也因此而闻名天下。在这众多物象中，壶盖上的莲鹤最具特色，盛开的莲花既肥硕又唯美，花中仙鹤站在花蕊之上，栩栩如生，整个画面动静结合，大小合宜的花鸟显得分外和谐。

著名学者郭沫若是这样解释这只青铜鹤的："此鹤初突破上古时代之鸿蒙，正踌躇满志，睥睨一切，践踏传统于其脚下，而欲作更高更远之飞翔。此正春秋初年由殷周半神话时代脱出时，一切社会情形及精神文化之一如实表现。"

这段评价既描述了莲上之鹤，又归纳了春秋时期礼器的风格与发展趋向。春秋战国时期是一个社会转型期，旧的礼制崩溃了，正在形成中的新观念又有无限可能。这种时代特征表现在青铜艺术上，就是各种新器形、新工艺的出现。正因为如此，春秋莲鹤方壶是时代精神的集中体现。

春秋莲鹤方壶的盖顶为何要用鹤做装饰呢？这与鹤在中国传统文化中的地位密切相关。

在道教文化中，常常用鹤来象征长寿，而道教所信奉的仙人或神人，都是把仙鹤、神鹿等动物当作坐骑。

在艺术创作中，仙鹤往往是和苍古松树一起出现，以象征延年益寿。民间也流行用“鹤发松姿”来形容那些年纪大但很健康的老人，也常常用“驾鹤西游”来形容去世的老者。从基本特征来看，丹顶鹤可能就是传说中的仙鹤。在飞禽的地位中，性情高洁的丹顶鹤排第二（凤凰第一），看起来仙风道骨，不仅自身形态优美，更与仙人有着相似的韵味，因而被称为“一品鸟”。

数千年来，神仙思想影响了每一代中国人，有文人、艺术家、政治家、工匠……这让中国的传统文化、精神文化等领域的发展，都越发瑰丽。宋徽宗在位期间，有仙鹤落在宫殿之上，久久不肯离去，人们将这种场景解释为，祥云伴随仙禽来到帝都以示吉祥，是国运昌盛的征兆。宋徽宗欣然拿起笔，于是方有名画《瑞鹤图》流传后世。《瑞鹤图》描绘的是在宫殿上盘旋的鹤群，非常壮观，既显示了神性的光辉和君主的华贵，也表现出仙气飘飘、高雅灵动的意境。

纵观古代社会，驾鹤成仙是每一代中国人的梦想与追求。而春秋时期的工匠们在铸造青铜器时，巧妙地在青铜器的造型艺术中体现了这种梦想与追求，它就是青铜鹤，昂首挺立在春秋莲鹤方壶的盖顶上。这只青铜鹤所寄托与承载的，是生活于春秋战国时代的人们飘然成仙的梦想与追求。

37 宝剑配英雄，剑出惊天下

在我国，流传着“十大名剑”的传说，它们是指轩辕剑、湛泸剑、泰阿剑、纯钧剑、承影剑、赤霄剑、干将剑、莫邪剑、七星龙渊剑、鱼肠剑。十大名剑的记载，多见于《史记》《越绝书》《列子》《吴越春秋》等古代文献和上古传说中。在十大名剑中，有些是真实存在的，有的则是虚构的，来源于传说或者是文学创作。

考古发掘出土的宝剑，如西周晚期的玉柄铁剑，春秋晚期的越王勾践剑和吴王夫差剑等，件件都是绝世好剑。每一把宝剑都有一段历史、一个故事。

1990 年，考古工作者在河南三门峡虢国墓地开展发掘工作，玉柄铁剑就此出土，它的主人是虢国国君虢季。这是一把西周晚期的宝剑，被誉为“中华第一剑”，距今 2800 年左右，剑身长 22 厘米，柄长 12.2 厘米，现藏于河南博物院，被院方定为“镇院之宝”。

玉柄铁剑的发现，与一起盗墓案件有关。

1990 年 2 月，三门峡市公安局查获了一起盗墓案。为了查明被盗墓葬的情况，追回被盗的文物，公安人员配合当地考古人员，对盗墓现场进行了抢救性发掘。从现场勘查来看，盗洞零乱，盗墓者并没有找到墓葬的位置。

让考古学家惊喜的是，仅仅向下挖了 30 厘米，在距地面 11.15 米处，就是虢季墓的墓室，墓室内放满了随葬品，种类多，数量大，青铜礼乐器和玉器赫然在列，它们都是按照一定的顺序排列的。

玉柄铁剑就位于古墓墓穴的东南角。这把宝剑刚出土时，并不叫“剑”，而是叫“玉柄铁削”或者“玉柄铁匕首”。削属于生产工具的范畴，而这把剑属于兵器区，双刃的，与单刃的削都不是一类器物。经过研究讨论，考古工作者将这把剑定名为“玉柄铁剑”。

由于埋藏年代久远，剑身已经断为两截，鞘身也因锈蚀与剑身粘在一起，无法剥离。

经过专家鉴定分析，玉柄铁剑的剑柄是用块炼铁渗碳钢制成的。在西周晚期，要想得到一块块炼铁渗碳钢，需要先将块炼铁进行渗碳处理，然后反复锻打。而用块炼铁渗碳钢铸造的器物，会非常锐利、坚韧。这项技术可以代表当时铸造技术的最高水平。

玉柄铁剑制作精美，集铁、铜、玉三种材质于一体，是一把由人工冶炼铁铸造的宝剑，这在同类地下出土的文物中，年代是最早的。

考古学家曾这样点评玉柄铁剑：在考古学中，数百万年的人类发展史被划分为三个阶段，分别与历史学中认定的三种社会属性相对应，考古学中的石器时代就是指历史学中的原始社会，考古学中的青铜时代指的是历史学中的奴隶社会，同理，铁器时代就是封建社会的代名词。玉柄铁剑既有石器时代的玉柄，又有青铜时代的铜芯，还有铁器时代的铁身，用一把剑连接了三个时代。它的发现，标志着铁器时代的来临。

1965 年，春秋越王勾践剑在湖北荆州望山楚墓群 1 号墓出土，这把剑被学术界誉为“天下第一剑”。它是一把青铜兵器，来自春秋时期的越国，在当时的短兵器中，属于巅峰之作。在青铜武器中，也是一件难得一见的宝物。

据测量，该剑长度为 55.7 厘米，宽度为 4.6 厘米，剑柄长 8.4 厘米，剑首是圆箍形的，剑内有 11 道相隔 0.2 毫米的同心圆。剑格正面用蓝色琉璃、背面用绿松石镶嵌，剑身装饰黑色菱形暗格花纹，剑柄是用丝线缠缚的。在靠近剑格的地方，有 8 个字的鸟篆铭文，即“越王鸠浅自作用剑”，鸠浅指的就是勾践。

越王勾践剑的主人是越王勾践，著名的“春秋五霸”之一。因为“卧薪尝胆”的典故，勾践如今已经成为不怕失败、敢于拼搏的形象楷模。

在成为霸主前，勾践曾有一段屈辱的过往。吴越两国进行的夫椒之战，以越国的战败而告终，越王勾践被迫向吴王夫差求和，去吴国服苦役，给吴王养马，以表示俯首称臣。三年后，勾践被释放回国。

回到越国的勾践启用“农桑兴国”的国策，使越国国力渐渐恢复起来。我国最早的一部地方志《越绝书》就曾记载，越王勾践在争霸过程中曾接受“省赋敛，劝农桑”的建议，加强桑蚕生产，为其争霸大业奠定了基础。近年来，考古发现的越王勾践剑，剑柄上缠有丝带。该丝带以实物证明越国当时存在桑蚕丝绸等生产活动。

相传，在西施被发现而送往吴国前，曾是诸暨乡间从事纺织的民间女子，有西施浣纱的故事流传至今。诸暨苎萝山麓的浣纱江畔还有很多与西施有关的遗迹，比如西施殿、西施滩、西施坊、浣纱石、浣纱亭等等。

越王勾践剑之所以如此重要，是因为它是越王勾践众多宝剑中的“自用”剑。上海博物馆的研究员谭德睿使用3000倍的放大显微镜观察后，从百分之一毫米厚度的金属表层发现了化学处理痕迹。研究发现，越王勾践剑的铸造成分主要有这些：大量的锡青铜、少量的铝、微量的镍和硫。正是这些经过合理搭配的成分，造就了越王勾践剑的地位，使它成为春秋时期尖端科技的代名词，在青铜铸造工艺、古文字学、越国历史等研究课题上，具有重要的价值。

这把宝剑出土于楚国贵族墓，对于它为什么会出现在楚国贵族墓这个问题，学术界目前流行两种说法。其一，楚昭王娶了勾践的女儿，勾践把越王勾践剑当作嫁妆，送给了女儿。宝剑随着公主一起嫁到楚国后，又被楚王赏赐给当时的贵族，贵族死后用宝剑陪葬。其二，公元前309年至公元前

306 年，楚国攻打越国，越国战败，越王勾践剑成了楚国的战利品，宝剑在楚国非常受欢迎，它的新主人也是爱不释手，就让它跟自己一起长眠地下，成了陪葬品。

春秋末期，吴王夫差在位时制造了一系列的青铜剑，剑身铸有“攻玫（敌）王夫差自乍其元用”或类似的铭文，这一系列的剑都被称为“吴王夫差剑”。据研究，吴国青铜器铭文主要出现在王室之器上，它的内容主要是标明器主、联谊婚姻、颂扬祖先、赏赐军功等。

春秋时期的剑都是用青铜铸造的，在不同的部位加入了一定量的锡、铅、铁、硫等成分，以保证剑身的韧性和刃部的锋利，使其刚柔相济。在中国古代兵器史上，春秋时期的吴国占有重要地位，吴国剑种类繁多，主要有短剑、扉耳剑、宽格有箍剑、窄格无箍剑等兵器。吴国的铸剑技术，不仅对春秋战国时期的南方诸侯国有深刻的影响，还影响到了中原诸侯国的兵器制造业。

吴王夫差剑属于宽格有箍剑，设计上兼顾了实用与装饰。宽格剑便于握持、利于劈刺，能在实战中发挥有效的作用；剑身设计上，棱脊、凹弧截面、收狭前锷、弧线内收刃部均可增强剑的杀伤能力，使其在战场上发挥更好的作用。

吴王夫差的父亲阖闾曾被越王勾践打败，重伤不治而亡。夫差发誓要为父报仇。公元前 494 年，夫差派大军攻打越国，两国在夫椒展开大战，越国战败，越王勾践向吴国投降。几年后，夫差大会诸侯，称霸中原。

成为霸主后的夫差，远贤臣，亲小人，宠美人（西施），生活奢华无度。卧薪尝胆的越王勾践乘虚而入，打败夫差，成为春秋时期最后一任霸主。

在先秦时期，宝剑，尤其是诸侯王自作用剑，往往象征着权力与征服，意味着强悍与血性，展现了英雄的豪气与风流。

南宋文学家辛弃疾在《永遇乐·京口北固亭怀古》中写道："想当年，金戈铁马，气吞万里如虎。"我想，当我们看到上述绝世宝剑时，一定都会在脑海中浮现这样的场景，感叹那战火纷飞的动乱年代和英雄辈出的峥嵘岁月。

38 穿越千年，与“天子驾六”对话

“天子驾六”一般用来象征帝王，是反映中国古代礼制的一种行为，特指用六匹马拉的两轮马车。这个词语最早出现在《诗经》中，用来形容皇帝的仪仗和威严，是天子出行时必不可少的。而“天子驾六”车马坑的发现与发掘，以实物的形式，揭开了天子是“驾六”还是“驾四”的千古悬疑，也印证了古文献中“天子驾六，诸侯驾五，卿驾四，大夫三士二，庶人一”记载的正确性。

百年来的考古发现与发掘，发现了很多规格非常高的“天子驾六”遗迹，它们的主人在中国历史上都是赫赫有名的人物。

首先是来自河南洛阳的周天子座驾遗迹——洛阳东周“天子驾六”车马坑。

2002 年，洛阳市需要在河洛文化广场建设人防工程，文物部门对该地进行了抢救性发掘。仅在 3 万平方米的区域内，考古工作者就发现了 29 座车马坑和马坑以及 600 多座古墓。其中，6 匹马的骨骸在坑中是对称摆放的，它们用显而易见的方式，向世人展示了“天子驾六”。这种车马坑之前只存在于文献记载中，消息一经发出，便轰动全国。有专家惊叹它为“东周瑰宝，举世无双”。

出于科研性保护的需要，洛阳市于2003年回填了一些中小型车马坑，而“天子驾六”这种大型车马坑遗址，就成立了专门的文物保护机构，按计划进行保护。还修建了一座专题性博物馆，依托“天子驾六”车马坑而建，取名为“周王城天子驾六博物馆”，向世人展示这世间独一无二的文物瑰宝。

整个博物馆占地1700多平方米，位于王城广场。展示的是2002—2003年考古工作者发掘清理的17座车马坑（马坑）中的2座，除车马外，还有殉狗、殉人。这是中国唯一一处原址展示的“天子驾六”。

而这一“天子驾六”车马坑的出现，与周幽王烽火戏诸侯和平王东迁有着非常大的因果关系。

西周的最后一位天子周幽王为了讨得宠妃褒姒的欢心，先是废黜申后，罢黜宜臼的太子之位，后又安排褒姒坐上了王后的宝座，新任太子则是褒姒的儿子伯服。这一举措造成政局动荡，前太子宜臼逃亡至母亲申后的母国——申国，申国联合犬戎攻打西周，大军直逼西周都城镐京。

万分紧急之际，周幽王点燃烽火向诸侯王求助，但因之前多次为博褒姒一笑而烽火戏诸侯，这一次没有诸侯前来勤王。最终，国都镐京被申国攻破，周幽王携众出逃，后在骊山脚下被杀。这标志着西周的灭亡。

宜臼在周幽王死后，被众诸侯拥立为王，史称周平王。都城镐京因为天灾和战争而损毁严重，且接近戎、狄等外患，周平王在继位后的第二年，也就是公元前770年，在郑国、秦国、晋国等诸侯国的保护下，将国都东迁到洛邑，从而开启了历史上的东周。

平王东迁后，周天子的地位严重下降，当时的诸侯国顶多表面服从周天子的领导，中国历史至此进入了以大分裂大融合为显著特征的春秋战国时期。东周就是在这种虎狼环伺的夹缝中求生存。在历代周人的努力下，东周立国515年。即使如此，来自洛阳的东周“天子驾六”车马坑，依然尽显天子威仪。

其次，来自洛阳伊川陆浑戎故都的“天子驾六”。

2013年夏天，洛阳市文物考古研究院和郑州大学组建的联合工作队在洛阳市伊川县开展抢救性发掘工作，发现了陪葬有车马坑的大墓，车马坑中有一辆六匹马拉的车，这说明，墓主使用的马车规格也是“天子驾六”。

研究发现，洛阳伊川是陆浑戎国的国都。该国在2500多年前将国都迁到洛阳伊川。所以，这里发现的“天子驾六”的主人是陆浑戎国的某任国君。

陆浑戎国早期位于我国西北部，后因在与中原地区诸侯国的战争中战败，被迫于公元前638年迁徙到洛阳附近。考古工作人员表示，洛阳伊川出土的陆浑戎国的大墓，年代上与春秋五霸之一的楚庄王时代一致，也就是公元前600年前后。伊川大墓所发现的“天子驾六”车马坑大致也是这个时期。显然，楚庄王伐陆浑戎和“问鼎中原”的典故，都与洛阳伊川的陆浑戎国有很大的关系。

原居于西北地区的戎人与中原地区的诸侯有不同的风俗习惯，陆浑戎国也不是周天子所封的诸侯国，他们因此不受周朝所定礼制的约束。所以，陆浑戎王可以和周天子一样，都有资格享用“天子驾六”。而陆浑戎人的生活更为豪放、潇洒、自由，这与游牧民族的特点有关。

再次，来自湖北枣阳九连墩的“天子驾六”车马坑。

2002 年底，湖北省文物馆（现湖北省博物馆）组织的考古团队对枣阳市九连墩楚墓进行抢救性发掘，发现了一个古墓群。

九连墩古墓群由 9 座封土堆组成，绵延约 3000 米，它们是战国中后期、楚国鼎盛时期的大中型墓葬。从这群古墓的规格来看，它们的主人在战国时期的楚国，应该都是响当当的“大人物”。

经过长期的考古发掘，考古工作者在九连墩 1 号墓发现了大量的精美陪葬品，还有 1000 多支竹简。更令考古界震惊的是，这座古墓中还有周天子这种级别的存在才有资格享用的“天子驾六”车马。

九连墩战国墓的车马坑长 52 米，宽 9.5 米，深 2.3 米。在清理车马坑时，专家们发现多辆战车和马车，著名的“天子驾六”就在其中。经过研究，专家们一致认为，九连墩 1 号墓的墓主是封君一级的人物，生活于战国中晚期的楚国。

接着，是位于湖北荆州的熊家冢“天子驾六”车马坑。

位于湖北荆州的熊家冢，与同在荆州的楚国故都纪南城遗址为邻，二者仅相距26公里。在目前发现的楚国高级贵族墓中，熊家冢布局最完整，它的规格是最高的、规模是最大的。

2006年8月，熊家冢考古发掘工作正式开启。仅在一号车马坑，就发现3乘“天子驾六”级别的马车。这从侧面反映出墓主享受了只有天子才能拥有的骄纵奢华！

熊家冢墓主到底是谁呢？经过激烈讨论，学术界认为：熊家冢的墓主绝非一般的楚国贵族，而是某位楚王。

随后，来自陕西西安的“天子驾六”，它的主人是夏太后，而夏太后的孙子就是大名鼎鼎的秦始皇。

考古工作人员在位于陕西西安的战国秦陵园遗址进行发掘，发现了一座大墓，出土了众多精美玉器、金器、铜器以及“天子驾六”，清理出安车一辆，挽马六匹。从车马规模来看，它们是“天子驾六”的标配。

据测量，车舆通长1.75米，后舆宽1.55米，车辕长约1.95米，驾车的马也是很高大的，身高约1.7米、身长约1.8米。专家初步鉴定，马的年龄都不大，约为4到5岁，是殷商时期中原马种的后代。这是陕西首次发现“天子驾六”车马坑。

虽然墓葬毁盗严重，文字资料尚未清理，但考古人员从大型独立陵园、众多珍稀文物、“天子驾六”陪葬车马坑以及史书记载推测和陶文“私官”二字的考证，判定墓主为秦始皇的祖母夏太后。作为秦庄襄王的生母，夏太后都能享用象征周天子身份的象征——“天子驾六”，这一现象的出现，意味着周朝礼制的崩溃以及新时代的来临。

最后，来自河南南阳不见冢的“天子驾六”车马坑。不见冢是非常重要的东周时期的高级贵族墓地。

2021 年 1 月 17 日，不见冢“天子驾六”横空出世，车衡与洛阳“天子驾六”同为 4.5 米长。这一重大发现引起中国考古界的震动。

这个车马坑长约 75 米、宽约 9.8 米，这个规格在国内是罕见的。车马坑规模如此大，说明墓主人的身份也很高贵，有专家就认为墓主是“王”一级的人物。结合史料记载和考古发掘成果，专家认为不见冢的主墓的墓主人就是王子朝。

王子朝是东周第十二任君主周景王姬贵的庶长子，名姬朝，卒于公元前 505 年。周景王死后，长子姬猛继位为周悼王，姬朝不支持周悼王，将其赶下台，占据国都洛邑。周悼王病死后，晋国拥立周敬王，攻打姬朝。姬朝失败后，携带大量的周室典籍，到楚国避难。这就是历史上有名的“王子朝携周典奔楚”事件。

在东周时期，“王子朝携周典奔楚”的影响非常大，在当时是一件非常重大的文化事件，《左传》《史记》等古典文献对此都有记载。有专家认为，华夏典籍因为王子朝到楚国避难而传入楚地，楚地的文化因这一壮举而更加繁荣，这加速了“百家争鸣”的发生与发展。与此同时，这一事件促进了中华文明的发展，有利于春秋战国时期南北方的文化交流。

周代的礼乐制度详细地规定了不同等级的贵族所能享受的不同待遇，这种礼制规定涉及政治、军事、文化、个人生活的方方面面，大到国之大事，如都城建设、军队编制等等，小到个人生活用品，如服饰、马车、冠带等等，全部纳入礼的范畴。在大变革的春秋战国时期，“天子驾六”不再是周天子专用，楚王、封君，甚至是秦国的太后，都能使用，这昭示着礼制的崩溃、奴隶制的瓦解、社会的巨变，以及新时代的到来。

39 春秋时期的会盟——侯马盟书

在古代中国，一般把会面和结盟的仪式称为“会盟”。传说时代，还没有产生诸侯国，更没有国家的概念，会盟这种形式是极少发生的。夏商周三代，诸侯兴起，国家的概念产生，并得到进一步的强化，常常会产生一些会盟。最典型的便是“八百诸侯会孟津”，在会盟的基础上，周武王很快达成了灭商的目标。

春秋战国时期，会盟是一种常见的政治行为，诸侯国之间会盟的频率非常高，仅《左传》就差不多记载了两百次盟誓活动，其中有四分之一与晋国有关（三家分晋之前，晋国还是一个大国），史书没有记载的私家盟誓更是数不胜数。盟誓的频繁与普遍，反映了春秋政治形势的动荡与不安，正所谓是“世道交丧，盟诅滋彰”。

这一时期，有一个影响深远的会盟，给后世留下了很多会盟文物，在目前我们能看到的手书真迹中，时代是最早的，数量是最大的，它就是春秋晚期的侯马盟书。从文字风格来看，盟书是东周时期的文物，使用的是晋国的文字。

作为春秋战国时期的一个普遍社会现象，盟誓为什么会这么频繁地出现呢？这与平王东迁后周天子势弱所引起的一系列政局动荡有关。

周平王东迁后，周王成为名义上的“天子”，诸侯群雄并起，纷争不断，齐桓公、宋襄公、晋文公、秦穆公、楚庄王等春秋五霸相继登上历史舞台。春秋战国时期延续了将近300年，而这一时期的纷争组合，打碎了分封制时代诸侯国的封闭窒息状态，铁器时代来临，商业活跃起来，井田制动摇了，周天子权威削弱，新兴地主阶级兴起，士人阶层活跃起来，整个社会与前一阶段相比，是相当活跃的。于是，以奴隶制为代表的旧制度崩溃了，那些陈旧的文化也被抛弃，新制度在萌芽，新文化在孕育，平民迎来一次全面的解放，社会阶层急剧变化。

用历史主义的话说，春秋战国时期是一个大转型的时代，既有毁灭，又有创造，既有沉沦，又有兴起。总而言之，它是一个推翻旧体系、建立新体系的特殊历史时期。

一些较小的诸侯国为了抵御大国侵犯，常常抱团，共同作战，有些大国利用自己的实力和影响，胁迫其他小国加入自己的阵线，组织会盟。虽然各国面临存亡危机，经常会盟，但由于国家利益驱使，背盟的现象也时有发生。

春秋晚期，诸侯和卿大夫经常举行盟誓活动，目的有两个，一是巩固内部团结，二是打击敌对势力。侯马盟书就是这一时期会盟的典型代表。侯马盟书所记录的会盟是由谁组织的？盟主又是谁？

公元前497年在晋国爆发的兼并战争，持续了8年，起因是赵鞅宗族的内部矛盾。参战方不仅有晋国的六卿，还有东方的六国，包括齐国、鲁国、卫国、郑国、周、鲜虞，战争异常复杂和激烈，在整个东周历史上都是非常少见的。为了在艰苦卓绝的斗争中取得胜利，晋国赵氏的领导人赵鞅，根据不同需求组织了很多盟誓活动，目的是壮大己方力量，挽救赵氏于危亡之际。最终，战争以赵氏集团的胜利而结束。

这场斗争结束后，晋国政坛翻天覆地，卿大夫的势力更为强大，也对赵氏集团产生了重大影响。具体表现为以下四点：

（1）这场战争结束了晋国六卿专政的局面，六卿变四卿，为日后的三家分晋奠定了政治基础。

（2）战争的结果显示，晋国名存实亡，已无力进行争霸战争。

（3）战争结束后，剩下的四卿，即智氏、赵氏、魏氏、韩氏，权力更加集中，共同控制了晋国的朝政，晋国公室名存实亡。四卿相互倾轧，矛盾反而被激化，最终，赵氏联合魏氏和韩氏，灭掉了智氏，韩、赵、魏三家分晋，这一事件标志着春秋时期的结束。

（4）战争结束后，赵鞅取得邯郸的所有权，表明赵氏已达到东进中原的目的，昭示了赵氏进军华北平原的意图，为赵国最终定都邯郸奠定了历史基础。

赵鞅，别名赵简子、志父、赵孟，是春秋时期晋国赵氏的领袖，赵国基业的开创者。《赵氏孤儿》中的孤儿赵武的孙子，就是赵鞅。他在晋国执政长达 17 年之久，致力于改革，是春秋战国时期改革变法运动的先驱。他对后世魏文侯当政时组织的李悝变法、秦孝公在位时发生的商鞅变法和赵武灵王改革等等，都起到了巨大的鼓舞作用。不仅如此，赵鞅还平定了周王朝的王子朝之乱，他与儿子赵无恤（即赵襄子）并称“简襄之烈”。

由赵鞅主持的会盟，制定了什么盟约？会盟的目的是否达到？

侯马盟书所记载的盟誓活动，发生于公元前 496 年以后，政治背景是“智伯从赵孟盟”。赵鞅为了达到既定的政治目的，进行了一系列的盟誓活动，誓辞是以天命为中心展开的，学术界称之为“侯马盟书”。

盟誓遗址的面积大约有 3800 平方米，位于晋国遗址的东南部（晋国遗址位于山西侯马）。考古工作人员共发现 400 多个坎（埋牲的土坑），大坎埋牛、马、羊，小坎埋羊或盟书。书写盟书的玉石片，长短不一，最大的长 32 厘米，宽近 4 厘米，小的大约只有大的一半大。在一众盟书中，有 656 件可以辨识文字。

结合有关文献记载及侯马盟誓遗址的发掘情况，我们了解到盟誓的程序。每次举行盟誓前，都要先挖好小坑，“割牲左耳，盛以珠盘，又取血，盛以玉敦”，先歃血后读书，“用血为盟书，书成乃歃血读书”。上述仪式结束后，把盟书和牺牲埋入坑中，其主要目的是“杀牲歃血，告誓神明，若有违背，欲令神加殃咎，使如此牲”。

公元前489年，随着8年战争的结束，与之相关的盟誓活动也趋于结束。这批盟书反映了晋国晚期强族间相互斗争的史实。因参加盟誓的人把盟辞写在石简、玉圭或者玉玦上，所以盟书也称“载书”。

以赵氏为代表的政治集团，为了扩大自己的力量，分化、镇压敌对力量，进行了一系列的盟誓活动，这就是侯马盟书的核心内容。在暴力高压下，与盟人胆战心惊，向神明起誓，对赵鞅表示忠心。实际上，在战乱的年代，不管组织多少次会盟，只要面临利害权衡事件，与盟人就会从自身利益出发，往往会出现背信弃义、反目成仇的结果。这种会盟是很难达到预期效果的。

根据盟书记载，其内容可以分为五类：

（1）宗盟类，盟辞多次强调“事宗祀”和“守清庙”，要求每个与盟人都要诚心效忠盟主，以此巩固赵氏宗族内部的团结。

（2）委质类，是赵孟为分化敌对势力吸收同宗之外的人参加盟约的辞文。与盟人表示把自己“质”于主盟人，辞文中都有“自质于君所”的内容，并且断绝与旧主君的关系。

（3）纳室类，内容为禁止纳室，禁止扩充奴隶、土地、财物等，与盟人不仅要管住自己，还要管住族中成员，禁止纳室是大家必须遵守的共同准则。当时，新兴地主阶级兴起，奴隶制走向没落，封建制度正在形成中，为了维护自身利益，新兴地主阶级限制旧势力扩充奴隶。

（4）诅咒类，只出土13件，字迹比较模糊，内容是对某些罪行加以谴责。

（5）卜筮类，不属于正式盟书。盟誓活动常常会有祭祀“卜牲”的环节，会使用龟甲，还会出现筮卜文辞。卜筮类盟书就是记载这类东西的，它的出土数量很少。

侯马盟书用丰富的地下出土资料，与古典文献记载相互印证，共同展现了晋国晚期政治的混乱局面和壮阔的战争场面。它也见证了赵鞅一生中的辉煌时刻，折射出“礼崩乐坏”的历史大趋势。

40 独一无二的秦始皇陵

秦朝虽然只存在了15年，可皇帝制度、皇帝意识、专制主义中央集权制度影响了中国几千年。嬴政作为统一六国的王者、第一个中央集权制国家秦朝的建立者，他的墓葬秦始皇陵也因此备受关注。位于陕西西安的秦始皇陵，是独一无二、独冠千古的。

秦始皇陵用了39年的时间才建成，它从嬴政当了秦王之后就开始修建，直到秦二世二年（前209）才结束。在中国历代帝王陵中，秦始皇陵是第一座设计完善的帝陵，它的规模是最庞大的。历史文献和传说有一个共同点：皇陵内部不仅陪葬了无数奇珍异宝，周围还有各式各样豪华的宫殿建筑。从考古发现来看，秦始皇陵有数百个大小不等的陪葬墓，还有陪葬坑。最著名的陪葬坑当属秦始皇陵兵马俑坑，它被称为“世界第八大奇迹”。

这座帝王陵之所以被称为“史上最大的帝王陵”，是因为它的设计遵循了三项基本原则。其一，既继承了秦先公先王的陵墓制度，又学习了战国诸侯王陵墓的设计亮点，并将二者融合。其二，模仿秦国都城咸阳，充分学习其规划布局思想。其三，设计时详细论证、精心规划，营建时严格执行各项标准。

秦始皇陵的兴建，标志着先秦时期到秦朝的一系列伟大转变。先秦时期的墓葬遵循“集中公墓制”的规划原则，一般是两条墓道的“中”字形大墓，设有陵园围沟、多样的墓上建筑，使用人殉，没有封土等等。而秦始皇陵一改这种墓葬形制，它坚持“独立陵园制”的原则，设计四条墓道的“亚”字形大墓，设置双重垣墙、高大的封土、寝殿，使用陶俑进行陪葬等等。这些都使得秦始皇陵的规模结构更为复杂恢弘。

在古代帝陵制度的演化中，秦始皇陵首创陵邑制度，创新陪葬制度，改“陵”为“山”，规范陵寝等等。

秦始皇陵的这些内涵性特征，对后世帝王陵园的规划设计，产生了非常深刻的影响。在两千多年的封建社会里，中国产生了数量众多的帝王陵，比如两汉帝王陵、关中唐十八陵、巩县宋陵、明十三陵等等，还有中山靖王等个别藩王墓葬，都受到了秦始皇陵陵墓制度的影响。这种影响集中体现在“帝陵独尊”和“陵园若都邑”的设计思想，还有帝陵的陪葬制度、布局结构、礼制建筑等之上。

不仅如此，秦始皇陵还有丰富的地下文物。

古人普遍认为，人死后会到另一个世界，如果陪葬丰厚，就可以继续享受生前的荣华富贵，于是就对墓葬十分讲究，将金银珠宝、古玩字画、男女仆从都当成陪葬品。而帝王将相更是看重陵墓的修建，尤其是皇帝的陵墓。

目前秦始皇陵还没有挖掘，但是通过对秦始皇生活的那个时代墓葬文化的分析，我们可以推测出秦始皇陵地宫可能会出现的文物：大量的珍宝，比如青铜鼎、青铜簋等国家重器，还包括金银质的精美文物；除此之外，还有竹简、木椟、衣服等有机质的文物，而竹简、木椟可能记载了秦国的历史与现状。

公元前 213 年至公元前 212 年，历史上著名的“焚书坑儒”事件在秦朝爆发了。当时，秦始皇焚毁书籍，坑杀“犯禁者四百六十余人”，很多文化典籍都被烧光了。如果秦始皇陵能够出土这种古籍，它的意义将会非常重大，这也就意味着很多历史上的、文化上的疑难问题就有可能得到解决。

秦始皇陵设有严密的防盗系统，有些文献对此有详细的记载。西汉史学家司马迁在《史记》中就明确记载了秦始皇陵地宫中设置了防盗机关和暗弩，还有与暗弩配合的陷阱等等。侥幸进入地宫的盗墓者就会面临两个结果：掉入陷阱摔死和被射死。除此之外，秦始皇在入葬地宫后，就在地宫中放置了大量的水银，随着时间的流逝，水银会蒸发变成气体，这种气体一般含有剧毒。对于盗墓者来说，秦始皇陵地宫里到处都有危险，令人防不胜防。

《史记》和《汉书》中也有秦始皇陵以水银为江河大海的记载。中国地质调查研究院通过地球物理勘探，发现秦始皇陵地宫里的汞含量非常高，尤其是东南部和西南部，东北部和西北部略弱。这就证实了水银河的存在。

秦始皇陵是中国历史上第一位皇帝的陵墓，陵园也是非常大的，墓室里肯定有无数价值连城的珍宝。即使危险重重，很多盗墓者还是趋之若鹜。

历史上关于秦始皇陵被盗一事，最早的记载就是西楚霸王项羽了。刘邦和项羽在广武对阵的时候，刘邦列举了项羽十大罪状，其中第四条就说项羽发掘了秦始皇陵，把里边的财物归为己有。

除此之外，相传还有两起盗挖秦始皇陵的事件。一是新莽末年，赤眉军为了筹措军饷而盗掘秦始皇陵，专家推断，赤眉军盗挖的很有可能是秦始皇陵的陪葬坑。二是唐代末年，黄巢攻入关中后，先将唐代的皇陵全部洗劫，后又对秦始皇陵进行了一次大规模的破坏。

两千多年来，有无数盗墓贼企图盗取皇陵宝物，秦始皇陵是否真的已被盗墓贼光顾呢？经过考古学家的勘探发掘，目前没有发现任何被盗的痕迹。

在漫长的历史岁月中，秦始皇陵虽然多次遭遇人为破坏，但地宫仍然保存完好，盗墓贼都没有真正地盗掘过秦始皇陵，这是为什么呢？

首先，秦始皇陵的面积足够大，防盗设施非常好。

其次，秦始皇陵的墓室没有坍塌，地下空间比较大，盗掘的危险性比较高。

最后，陵墓周围有一个保护陵墓的非常庞大的地下工程，我们把它称为排水工程。这个工程的正常运转，使得墓室可以保持一个非常干燥的环境。

既然秦始皇陵没有被盗，我们可以进行科学的考古发掘吗？

截至目前，考古队多次勘探秦始皇陵，但这并不表示皇陵发掘计划的实施。

新中国成立后，秦始皇陵被评定为国家级重点文物保护单位，不但禁止挖掘，而且对陵墓进行了大规模的修缮和维护。之所以如此，主要是基于以下四点原因：

第一，挖掘秦始皇陵可能造成生态灾难。

前文提到，秦始皇陵地宫中可能存在大量的水银，并用水银构筑成江河大海。水银就是汞，是一种剧毒的物质，如果皮肤上沾上一点，就会导致溃烂；而水银蒸发后形成的蒸汽也含有剧毒。经过两千多年的岁月沉淀，地宫中的大部分水银都已蒸发，蒸发后的蒸汽环绕在地宫里。如果贸然发掘秦始皇陵，地宫里的水银蒸汽势必会扩散，而扩散的规模是人们无法控制的，有可能造成严重的生态灾难。

第二，当下发掘秦始皇陵的条件还不成熟。

这里的条件不成熟主要是指考古力量、资金、保护手段、研究的方式等等。

发掘秦始皇陵并没有想象中那么困难，但是发掘以后的文物保护工作，包括那么大的陵墓怎么保护的问题，以及如何保护可能出土的各类文物，现在还是无法解决的难题。例如，在秦始皇兵马俑的发掘过程中，考古工作人员就发现许多兵马俑出土的时候是有颜色的，然而它们一旦接触到空气，颜料就会瞬间挥发。以现在的考古技术，想要完好地保存住这些文物的原始特性，几乎是一件不可能完成的任务。

秦始皇陵文物众多，目前的保护技术达不到。假如发掘了秦始皇陵，不可能在瞬间隔绝空气，做到恒温、恒湿、隔氧，即使有几分钟的误差，也会带来致命的破坏。

第三，考古发掘的局限性导致目前不能发掘秦始皇陵。

不管何种方式，只要挖掘了地下文物，就会对其造成一定的损害，或者是破坏。正是基于这个原因，考古发掘都不会主动发掘，而是抢救性发掘。在几百年或者数千年、上万年的时间里，凡是被埋在地下的文物，已经适应了地下环境系统，并形成了一种平衡。一旦将之挖掘出土，原有的平衡将会被打破，文物必然会受到伤害。

现阶段，我们不仅不能主动发掘帝王陵，而且，这条标准对所有的文化遗址都是适用的，除非必须挖掘，否则不允许发掘。在文物保护技术还没有发展到能够保证出土文物绝对安全的情况下，任何挖掘地宫的“想法”都是错误的，都是一家之言，并不具有科学依据。

第四，鉴于明定陵考古发掘的惨痛教训，国家文物部门明确规定：不再主动发掘任何一座皇陵。

在中国历史上，被誉为“千古一帝”的秦始皇，是一位划时代的开创性人物。他的陵墓秦始皇陵，在两千多年前是一个巨大的工程，消耗了巨大的资源，并对后世陵墓制度产生了重要影响。两千多年后，秦始皇陵还是中国人的骄傲和宝贵财富，是世界第八大奇迹。

41 秦始皇陵兵马俑

每一件文物的背后，都是一段历史、一个故事、一个曾经拥有它的主人。

秦始皇陵兵马俑，栩栩如生，威武雄壮。带您穿越千年，于历史的长河中，领略秦帝国的赫赫战功。

秦始皇陵兵马俑简称“秦兵马俑”或“秦俑”，是秦人制作的陶质殉葬品，以战车、战马、士兵等形状为主，位于今陕西西安秦始皇陵以东约 1.5 千米处。

1961 年，全国重点文物保护单位出炉，秦始皇陵名列其中；1974 年，震惊世界的兵马俑与世人见面；1987 年，秦始皇陵及兵马俑坑凭借其独特的文化属性，被列入《世界遗产名录》，人称“世界第八大奇迹”。

如今，秦始皇陵兵马俑被评为“世界十大古墓稀世珍宝”之一，它就像是一张金字名片，象征着古代中国壮丽的文明。

在 20 世纪 70 年代，兵马俑坑的发现是一个非常偶然的事情。1974 年 3 月，在陕西省临潼县（今西安市临潼区）秦始皇陵东面 3 里的晏寨公社西杨村，几位农民在奋力打井的时候发现了一个陶制人头。农民们十分泄气，因为据说挖井挖到人头是一件很不吉利的事。于是，他们悄悄把人头埋好，又换了个地方继续挖井。

没想到同样的情况又发生了，这次他们挖出许多陶制的身体和手。农民们感觉蹊跷，于是他们迅速报告了有关部门。

有关部门立即派考古工作者展开钻探和发掘工作。当地表层被掘开时，神话般的奇迹展现在了人们面前。在5米多深的坑内站满了身披铠甲、手持兵器、威武雄壮的武士俑和拖拉木制马车的陶马俑。

这就是举世震惊的一号兵马俑坑。

1976年6月，第二号和第三号兵马俑坑又相继被发现，它们位于一号俑坑的北侧20米处。秦始皇兵马俑共分3个坑，每个坑都是独立的一组建筑。这些建筑都是通过在地下挖坑的形式修建而成的。

兵马俑坑的布局较为复杂，分东、西两区。东区是“曲天”之首，面积约1050平方米。东西两端各有一个南北向长廊，中间是6条东西向过洞。全区陶俑分为跪射武士俑和步兵武士俑，这些武士俑都面向东方。西区共有14条过洞，兵种主要是车兵和骑兵。

其中，一号坑面积约1.426万平方米，是步兵、车兵混合编组的军队，已发掘500个武士俑，估计全坑共有6000个兵马俑。二号坑在一号坑东端北20米处，总面积6000平方米，士兵俑非常多，包括4个军阵，分别是车兵、骑兵、车骑兵、步兵（含弩兵）。整坑有900多个武士俑、470多个马俑、80多辆木质战车，以及大量青铜兵器。一号坑北侧25米处，是三号坑，面积比较小，大约520平方米，共有68个武士俑，是兵马俑军阵的指挥部。四号坑的面积大约有4608平方米，在二号坑和三号坑的中间，是尚未建成的空坑，没有任何文物。

总体来看，秦始皇陵陪葬的陶俑身高都在1.8米左右，它们的表情丰富多彩，无论是身体、体型，还是神态、精神面貌等，都与真人类似，它们代表了秦人出神入化的雕塑水平。由模拟的军阵，可以想见两千多年前，所向披靡的秦国军队，是何等的威武雄壮，他们横扫六国、建功立业，最终完成了统一全国的大业。这种场景与秦国军歌《秦风·无衣》所传唱的情景非常类似。《秦风·无衣》是这样描写秦国军队的慷慨激昂和同仇敌忾的气势的：

岂曰无衣？与子同袍。王于兴师，修我戈矛。与子同仇！

岂曰无衣？与子同泽。王于兴师，修我矛戟。与子偕作！

岂曰无衣？与子同裳。王于兴师，修我甲兵。与子偕行！

《秦风·无衣》是秦国的军歌，乐观豪迈、慷慨激昂，给人以巨大的精神鼓舞，这与《大秦帝国》中的“赳赳老秦，共赴国难”有异曲同工之妙。

从秦孝公嬴渠梁到秦始皇嬴政，秦国七代国君，在强有力的军队的支撑下，最终一统天下。

秦孝公嬴渠梁是秦国危急存亡之际的天才领袖，他先是任用商鞅进行变法，后又迁都咸阳、训练新军、收复河西失地，夯实了大秦帝国的基石。秦惠文王嬴驷是秦国第一个称“王”的君主，他在位期间，重用张仪，使用连横之策多次打破六国的合纵，东进攻打魏国，灭了蜀国，打败楚国，北伐义渠。秦武王嬴荡“通三川，窥周室”，抓住历史时机，东进中原。

在位56年的秦昭襄王嬴稷，功劳更大，他重用战神白起，发动伊阙之战、鄢郢之战、华阳之战、长平之战等大战，从而摧垮了六国的主力军，秦国继续东进，为最后秦王嬴政统一天下奠定了基础。秦孝文王嬴柱仅在位三天，还没来得及推出大型军事政策。虽然秦庄襄王嬴异人在位只有三年，但他背依秦国强大的军事力量，进一步削弱赵国，并建立了东郡。东郡不仅可以连接东方的齐国，更切断了六国南北合纵的通道。秦始皇嬴政南平百越，北击匈奴，统一六国。

可以说，秦国的强大以及秦朝的建立，都离不开军队。秦国的军队战斗力到底有多强？秦国军人的风姿又是怎样的？这都可以从鬼斧神工的秦始皇陵兵马俑中领略一二。

从身份上来区分，兵马俑可以分为两大类：士兵俑和军吏俑，军吏按级别可以分为低级军吏、中级军吏、高级军吏。士兵俑有四个军种，包括骑兵、车兵、车骑兵、步兵（包括弩兵）。根据实战需要，用不同的装备来区分上述四个不同兵种。

在四个兵马俑坑中，数量最多的是武士俑，武士俑都配有统一的装备：手执青铜兵器，身穿铠甲，铠甲的甲片又细又密，胸前佩戴结穗，结穗是用彩线绾成的。在秦国或者说秦朝，青铜兵器种类繁多，有弓、弩、箭镞、铍、矛、戈、殳、剑，等等。军吏俑的数量比武将多，他们头戴长冠，以此象征身份。研究发现，在身材、长相、面部表情、年龄等方面，不同的兵马俑都有各自的特点，它们各有千秋。

遥想当年，秦人是如何制造出威武雄壮、栩栩如生的兵马俑的？这里面还有一个传说。

相传，秦始皇在给自己修建陵墓时，大臣们提出的意见是，陵墓一定要宏伟壮观、有数不尽的宝贝。但秦始皇对此很不满意，他向丞相李斯降旨，让李斯征集 4000 对童男童女准备为他殉葬。大臣们反对此事，担心惹起民愤，百姓们起兵造反，秦朝江山不稳，政局动荡。

思来想去，丞相李斯想到了一个好办法，他赶紧上奏秦始皇："征人殉葬，必将引起骚动，不如以陶人陶马殉葬，以壮皇帝盛威。"秦始皇听了十分高兴，让李斯立即征集能工巧匠到咸阳烧制陶俑。

那么，秦始皇陵里陪葬的陶俑和陶马，甚至是陶人，都是如何制作出来的呢？

从目前发掘的兵马俑来看，其制作方法比较简单：先制造出不同的模具，然后利用模具分别制造出不同的陶俑，再烧制而成。

从出土陶俑的实际情况来看，陶俑的头部与身躯的连接部和俑臂与肩膀的连接部，都有明显的连接痕迹。这说明，这些部位是先单独制作出来的，然后，在烧制前，用泥条把各部分连成一个完整的陶俑，最后才进行烧制。陶俑的足踏板是用单模制成后，再黏接在陶俑脚下。

陶俑的头部、躯干、手臂，都是中空的，脚、腿、手都是实心的。这说明，当时制作陶俑时是自下而上进行的，先做脚和腿，再用合模法制造躯干，之后再把各部分连接起来，最后，等陶胎干后，装窑用火烧制，出窑后再上彩。

陶马的制作比陶俑更为复杂细致，工艺水平更高。其制作方法是，先分别做出马的腿、躯干、头、颈、尾等部位，然后再把各部分套合黏接。连接后，再在初胎上涂一层细泥，雕塑刻画筋腱、肉褶纹、毛丝纹及马饰等。然后通体涂上一层细泥，并打磨圆润光滑。

秦俑的造型体现了体态之美，工匠们采用模、塑、捏、堆等多种造型方法，模拟真人，把秦俑的体、量、形、神、色等基本要素表现得淋漓尽致。用这些方法制造出来的秦俑，仪态万千，与真人类似。工匠们还在陶俑的身上涂了不同的颜色，烧成后的秦俑惟妙惟肖，更加轻灵动人。正因如此，有人称秦俑艺术是“三分雕塑，七分彩绘”。

曾任法国总统的希拉克在参观秦始皇陵兵马俑后，说：

“世界上有了七大奇迹，秦俑的发现，可以说是八大奇迹了。不看金字塔，不算到埃及，不看秦俑，不算到中国。”

1979 年，秦始皇陵兵马俑对外开放。当地政府在遗址所在地建了一座博物馆，就是秦始皇兵马俑博物馆。在中国古代军事博物馆中，它是迄今为止最大的。兵马俑军阵对外开放后，便轰动了世界。

昭示着秦帝国赫赫战功的秦始皇陵兵马俑，在泥塑的世界里，饱含那个久远帝国的历史气息，这让两千多年后的我们依然能够感受到当年的金戈铁马。

42 万里长城及其起始

长城位居世界七大奇迹之一，历朝历代都有修筑，总长超过 2.1 万千米，入选《世界文化遗产名录》。这个连绵起伏的城墙，像一条盘桓的巨龙，既高大又坚固，主要分布在京、津、冀、陕、甘、宁等 15 个省份和地区。

作为一个古代的综合防御体系，长城是中华民族精神的象征。两千多年来，它见证了长城南北的农业文明和游牧文明的成长与壮大，体现了中国古代劳动人民的智慧和创造力。

公元前 214 年，秦始皇在南征百越、修建灵渠之后，又开始了一项大的军事行动：派遣大将蒙恬北逐匈奴，随后修筑起北起临洮，东到辽东的万里长城，以防匈奴南进。《史记》中就有关于秦长城的记载，如："秦已并天下，乃使蒙恬将三十万众北逐戎狄，收河南（今内蒙古河套以南），筑长城，因地形，用险制塞，起临洮，至辽东，延袤万余里。"

蒙恬在与匈奴的战争中获得胜利，秦始皇为什么没有乘势而上，一举拿下河套地区，而是改攻为守，在边塞集结 30 万大军，修筑万里长城？

当时的秦王朝刚成立没几年，六国残余势力不断侵扰，秦都咸阳附近兵力不足。如果秦始皇派大军深入大漠与匈奴作战，中央政府就必须投入大量的人力、物力、财力。并且，秦灭六国消耗巨大，需要修养生息。所以，对当时的秦朝来说，修建长城防御匈奴不失为一个好办法。这样既减轻了政府的压力，也利于农田的开发与种植，从而大大降低了中央政府的财政支出。

横卧中国北方的万里长城，在两千多年的时间里，不仅是一项伟大的军事工程，也对长城以南的农耕文明起到了非常好的保护作用。保存至今的关口、要塞依然挺立，它们在当地成为一道亮丽的风景。

号称“天下第一关”的山海关，位于河北秦皇岛，是万里长城的入海处，全长 26 千米。此处有一副对联：两京锁钥无双地，万里长城第一关。

距山海关北约 3 千米处有一段角山长城。长城向北跨越的第一座山峰，就是角山，所以，人们称其为“万里长城第一山”。

因关口两侧的大青山而得名的青山关，位于河北迁西，“万里长城第一门”指的就是青山关水门。它是一座提拉式水门，类似水门在长城沿线只此一处。

陕西榆林的镇北台，被称为“天下第一台”，是万里长城中规模最宏大的建筑，气势磅礴，也是万里长城上最雄伟的军事要塞和观察所。

明长城沿线保存最完整的一座城关——嘉峪关长城，位于甘肃嘉峪关市西南隅，被称为“河西第一隘口”，也是丝绸之路上的重要一站。

古北口位于河北滦平，共有 4 个城段（金山岭、司马台、蟠龙山、卧虎山），非常完整。因为它是一处要塞（山海关和居庸关之间），所以是兵家必争之地。

北京关沟峡谷之中的居庸关，是万里长城上历史最悠久、最著名的关隘之一，位居“燕山八景”之首。这是因为乾隆皇帝在位时曾到过居庸关，并御笔亲题四个字——“居庸叠翠”，使得居庸关身价倍增。

山西忻州雁门山中的雁门关，是长城上的重要关隘，又名西陉关。“天下九塞，雁门为首”中的“雁门”，就是指雁门关，它以险著称。此关是“外三关”之一（外三关是指宁武关、偏头关、雁门关）。

此外还有北京八达岭长城、箭扣长城、金山岭长城、大境门长城、司马台长城等等，它们共同构成了横跨大江大河的万里长城，凝聚了中华民族千百年来的雄心壮志。

长城的修筑前后历经 2000 多年，是名副其实的万里长城，它的两端到底在什么地方呢？众多专家学者经过研究，提出了三种说法。

其一，长城西起临洮，东至辽东。

这种说法与《史记》的记载有关，前文中也已提到，长城“起临洮，至辽东”。

这句话表明，秦始皇时修筑的长城，西端是临洮，东端是辽东。

事实上，秦始皇下令修建的长城有三段。

东段长城：起于今内蒙古化德，基本上是沿着今内蒙古和河北交界处蜿蜒东行的。进入辽宁以后，折向东南，一直延伸到朝鲜境内的平壤大同江北岸。这就是所谓的终点“辽东”。

中段长城：从东至西，东部以内蒙古兴和县为起点，北依阴山，南靠黄河河套，西抵乌兰布和沙漠北缘。

西段长城：西起甘肃岷县，沿着洮河东岸向北至临洮、兰州，再向东折至榆中。

有专家认为今天的岷县就是秦朝时期的临洮县，是秦万里长城的西边起点。春秋战国时期，各诸侯国都修过长城。秦昭襄王时，修建了以临洮为起点的长城，秦始皇时加以修缮。可惜的是，时间太过久远，几乎找不到古城墙遗迹。我们很难相信西起临洮的这一段长城真的存在过。

其二，长城西起新疆罗布泊地区，东到辽东。

这种说法与汉代所修筑的长城有关。西汉初期，国力衰弱，北方游牧民族匈奴却很强大，不断地骚扰边境一带。在匈奴的威胁下，汉朝只得同意每年给匈奴交纳大量的贡品，以求安宁。

西汉初年，统治者大力推行两大政策：“轻徭薄赋”和“与民休息”，社会经济得以恢复发展，到了汉武帝时，国力空前强盛。为了解决匈奴问题，汉武帝在派卫青、霍去病等大将进行军事进攻的同时，开始大规模修筑长城。第一次在公元前 127 年，原秦始皇长城一线成为此时防御匈奴的北方边界，此地位于今内蒙古阴山南麓。第二次在公元前 121 年前后，修筑了从今天的甘肃永登至酒泉的长城，东面与秦始皇所修长城相接。第三次在公元前 111 年，修筑了酒泉至玉门关段的长城。第四次从公元前 104 年起，修筑了玉门关至新疆罗布泊段的长城。

这是否意味着长城的西端就在新疆的罗布泊呢？

汉代在河西走廊到罗布泊修建的长城，并不是真正意义上的长城。它只有城墩、烽火台，并没有用城墙连接起来。从功能上看，与真正的长城一致，都有驻防、互相通报敌情等功能。如果仅从功能上来说，罗布泊是西段长城的起点。

其三，长城西起嘉峪关，东到山海关。

嘉峪关与山海关气势磅礴，至今保存完好，又经过多次修复，东西对峙，被认为是万里长城的两端。

这种说法应该是明长城的两端。明代有着更为严重的边患，所以从未停止过修长城，也是最后一个大规模修筑长城的朝代。

1368 年，朱元璋占领元大都（北京城），推翻了元朝的统治，建立了明政权。此时的元政权并不是被消灭了，而是退出大都，回到了长城以北的广大地区，史称“北元”。在大明立国的 276 年间，蒙古人的掌权者总想着卷土重来，再次入主中原。同时，在陕西、甘肃、辽东都有不服从明政权的规模庞大的军事政权，这让明朝统治者寝食难安。明代中后期，北方女真族政权兴起，更是成为大明朝廷的心腹大患，这时修建长城的工程也更为浩大。

嘉峪关与山海关在明代修筑得比较好，这两座雄关之间，毫无疑问，是明朝的长城。

万里长城跨越群山，经过戈壁沙漠，穿过茫茫大草原，在崇山峻岭之间起伏，洒满了先烈们的鲜血，埋藏了无数手足的忠魂。它是中华民族的血脉相连和民族精神的象征，是长城内外的中华儿女不屈不挠的印记。如今，长城不但是中国人心中的圣地，世界各地的人也对它敬仰不已，只要提到中国，便会想起中国的万里长城，只要来到中国，就一定要去万里长城。

43 半拉子工程——阿房宫

阿房宫被誉为“天下第一宫”，是秦帝国修建的新朝宫，位列“秦始皇的四大工程”之一。另外三大工程是秦始皇陵、万里长城、秦直道。它们的出现，标志着两千多年前的中国终于完成了统一的历史任务。

阿房宫遗址是一处全国重点文物保护单位，在阿房村一带（今陕西西安西郊 15 千米处）。1991 年，联合国将阿房宫遗址确定为世界上最大的宫殿基址。

秦王嬴政攻灭六国后，建立秦朝，自号始皇帝，通过一系列改革措施，秦王朝国力蒸蒸日上。始皇三十五年（前 212），秦王朝开始在渭河以南的上林苑中营造更豪华的朝宫，它就是如今的阿房宫。阿房宫是以未来秦朝的政治中心为目标进行修建的。修建阿房宫的目的和选址的依据，都是由秦始皇亲自确定的。

历朝历代有不少文人墨客都撰文描写阿房宫的恢弘、壮丽，以此寄托情思，如太史公司马迁和唐代著名诗人杜牧。

司马迁在《史记·秦始皇本纪》中是这样形容当时的阿房宫的：“前殿阿房，东西五百步，南北五十丈；上可以坐万人，下可以建五丈旗；周驰为阁道，自殿下直抵南山；表南山之颠以为阙；为复道，自阿房渡渭，属之咸阳……”

在太史公司马迁的笔下，我们可以想象阿房宫的宏伟壮观，它的气势跃然纸上！

唐代著名诗人杜牧在《阿房宫赋》写道：“覆压三百余里，隔离天日。骊山北构而西折，直走咸阳。二川溶溶，流入宫墙。五步一楼，十步一阁，廊腰缦回，檐牙高啄，各抱地势，钩心斗角。盘盘焉，囷囷焉，蜂房水涡，矗不知其几千万落！长桥卧波，未云何龙？复道行空，不霁何虹？高低冥迷，不知西东。歌台暖响，春光融融，舞殿冷袖，风雨凄凄。一日之内，一宫之间，而气候不齐。”

这些脍炙人口的名篇，文学感染力特别强，我们仿佛亲眼看到了阿房宫。

阿房宫前殿遗址是在一条古代河沟上修建的，这是秦朝帝都咸阳以阿房宫、沣峪口为中轴线的佐证。考古发掘发现，“上天台”建筑群和前殿建筑群共同构成了规模宏大的阿房宫。这两大建筑群位于今陕西西安西郊三桥镇以南，至今保存的阿房宫遗址仍有60万平方米左右。前殿、磁石门、兰池宫、祭地坛、上林苑遗迹，是阿房宫遗址上的主要建筑基址。

史书记载，西楚霸王项羽带兵攻入咸阳后，看到秦朝暴君（秦二世）居住在奢华的宫殿，只顾享乐，不知治理国家，心中大怒，就放火烧了阿房宫。两千多年来，人们一直认为阿房宫毁于大火，放火者正是项羽。

规模如此宏大的阿房宫，真是项羽烧的吗？

杜牧认为阿房宫是因为项羽放火焚烧才损毁的：“楚人一炬，可怜焦土。”杜牧生活在公元800年前后的唐朝，距离阿房宫建造的时间，大概有1000年。在1000年以后，阿房宫只剩下残垣断壁了，杜牧是无法看到阿房宫的真实情况的。

近年来的考古发现表明，阿房宫不是项羽放火烧毁的。因为考古人员在阿房宫遗址内并没有发现大面积火烧的痕迹。他们假设，如果阿房宫真的被大火焚烧，火势长达三个月之久，那么阿房宫遗址上就会有大量的红烧土和草木灰。但考古调查仅发现少量的红烧土。所以，项羽放火烧的宫殿并不是阿房宫。

那么，项羽带兵攻入咸阳后，放火焚烧的是什么地方？

有人认为，项羽当年放火烧毁的是秦朝正在使用的宫殿——咸阳宫。

《史记·项羽本纪》记载：“烧秦宫室，火三月不灭。”项羽攻入咸阳后，不仅大肆屠杀民众，还放火烧了秦宫殿。可以明确的是，项羽是在咸阳放了一把火，并不是其他地方。《史记》中有很多文章都表明，项羽放火烧了咸阳城里的秦朝宫殿。比如《高祖本纪》中记载，项羽放火焚烧秦咸阳宫室，所过之处，无一幸免。《秦始皇本纪》记载，项羽于是在咸阳大肆屠杀，焚烧秦朝王宫。

咸阳是秦朝的都城，项羽攻入咸阳后放火焚烧的宫殿是咸阳城内的，所以烧毁的应该是秦王宫，并不是阿房宫。因为阿房宫不在咸阳城内，它位于渭水之南的上林苑，秦始皇规划的阿房宫在当时是远离咸阳城的。这一点从后来的考古发掘中也可以得到证实：考古工作者发掘秦朝咸阳宫遗址时，发现遗址中存在大片的红烧土。

话说回来，阿房宫并不是毁于战火，那么，阿房宫到底毁于什么呢?

现实中的阿房宫算不上庞大，由于秦国开展的大工程太多了，阿房宫即使不够大，也没能竣工。当然，秦始皇曾规划过大规模的宫殿群，但不幸的是，直到秦始皇去世了阿房宫还是没有建好。

阿房宫到底是被烧毁了，还是半拉子工程?

我们看看考古人员怎么说。

考古人员曾经用一年多的时间，去勘探阿房宫的前殿遗址。在这个过程中，他们没有发现一枚当时建房时普遍使用的秦代瓦当及其碎片。这说明，当时阿房宫主体建筑并没有封顶。既然没有封顶，那阿房宫毫无疑问，就是半拉子工程了。两千多年前的阿房宫，只是打好了地基，宫殿并没有建好，整个工程都没有结束。这一结论可以得到考古发现的印证。

当阿房宫这个大项目开始执行时，距离秦始皇去世的时间已经不到一年。大批民工被强行拉去给秦始皇修建陵墓。秦始皇陵还没修好，秦二世就搞垮了秦王朝，刘邦项羽带领农民起义军攻入咸阳，秦朝灭亡。这也表明，阿房宫这么庞大的建筑群是没有时间建成的。

由此看来，阿房宫的建造可能只是一个宏大的规划，只打了地基，那么找不到阿房宫的遗迹就很正常了，因为根本就没有建成过，所以也不存在被烧毁的问题。

44 惊世大发现：长沙马王堆汉墓

马王堆汉墓是西汉初期长沙国丞相、轪侯利仓的家族墓地，位于湖南长沙东郊五里牌。1971—1972 年，考古队在此地开展发掘工作，共发现 3 座大墓。1 号墓和 2 号墓东西并列，3 号墓在 1 号墓的南部。1 号墓和 3 号墓的棺椁保存得相当完整，结构大体一致。根据出土印章和文献记载，2 号墓的墓主是第一代轪侯利仓，1 号墓墓主是轪侯夫人辛追，3 号墓墓主是第二代轪侯利豨。

1 号墓是一座长方形竖穴土坑墓，墓道向南，墓圹深 16 米，墓口南北长 19.5 米，东西宽 17.8 米，从封土顶部到墓底共 20 米。椁室内有四重用梓属木料制作的套棺，内壁用朱漆涂抹，外表颜色有四种，一重木棺一个颜色，从里到外依次为殓尸的锦饰内棺、朱地彩绘棺、黑地彩绘棺、黑漆素棺。

马王堆汉墓出土随葬品多达 3000 多件，有大量的衣物和丝麻织品、药材、食品、漆器、陶俑、竹简等等，这些文物里不乏精品。比如素纱襌衣和绒圈锦，代表了汉代最高的丝织水平。墓中出土的 312 支遣策竹简所记录的随葬器物情况，与实际出土品基本相符。

笔者认为，如此恢宏壮观的马王堆汉墓之所以能够入选“世界十大古墓稀世珍宝”，成就它的“惊世大发现”，主要是基于六点原因。

第一，跨越两千多年的防腐技术见证了世界医学史上的奇迹。

1 号墓墓主是一位中老年女性，死时约 50 岁。女尸身着丝质锦袍和麻布单衣，足登青丝履，面盖酱色锦帕，并且用丝带将两臂和两脚绑缚起来，再用 20 层锦衾、衣着和丝麻织物严密包裹，然后用棕黄色棺液浸泡，棺液大约有 80 升，并不能让女尸完全浸泡。尸身长 154 厘米，保存体重 34.3 千克，体形完整，皮肤比较完整，头发等毛发都还在，四肢纹路清晰，部分关节可以弯动，软组织尚有弹性。

临床医学检验表明，死者生前患有多种疾病，比如全身性动脉粥样硬化症、血吸虫病、冠心病、多发性胆石症。这具女尸的发现，为古代尸体保存技术、古组织学、古病理学、古疾病史、中国医学发展史等课题研究，提供了重要研究对象。

那么，两千多年前的西汉人究竟采用了什么方法，才使这具古尸保存得这样完好的呢？

研究发现，古尸之所以能够保存得如此完整，是因为近似真空的墓室条件。在 1 号墓的底部，先是铺垫 15 厘米厚的白膏泥，然后再筑椁室；棺椁上部以及四周都填塞厚 40—50 厘米的木炭，木炭重达 5000 多公斤；木炭外再填充 1—1.3 米厚的白膏泥。深埋和填塞木炭的做法，可以有效地隔绝氧气，形成一个密闭无菌的空间。

可以说，辛追的“再现”，是防腐技术史上的奇迹，反映了汉代人所掌握的防腐经验以及防腐学所达到的高度水平。

第二，揭露汉墓里惊天秘密的帛书、竹简。

长沙马王堆汉墓的帛书和竹简里藏着多少秘密？马王堆汉墓的发掘在中国考古史上地位如何？《马王堆三号汉墓简》一书给出了答案。单从墨迹来看，帛书是以篆书为主体结构，竹简是隶书结构，二者的书法都是古朴精美的，具有较高的造诣。

帛书和竹简的内容包罗万象，涉及战国至西汉初期的政治、军事、思想、文化、哲学及科学等各个方面。经整理，帛书和竹简所记载的书籍共有 28 种，12 万多字。其中，发现的甲本《老子》和乙本《老子》，是我们目前所见最古老的版本；发现的《五星占》是我国目前所见最古老的天文书；发现的《五十二病方》是我国现存最古老的医书。此外，墓中出土的地形图，标示的位置与现代地图没有太多差异。因绘制技术非常之高，它被誉为“惊人的发现”，曾先后在波兰、日本等国展出，在当地引起了不小的轰动。

据统计，马王堆汉墓共出土 14 种医书。其中，帛书医书有《脉法》《导引图》等 10 种，竹木简医书有《十问》《杂禁方》等 4 种。这批医书出土时已不完整，都有不同程度的残缺破损，都是用帛和竹木简进行书写的，其中，竹木简有 200 支，帛有 5 张。经过文物修复专家的拼接修复与古文字学家的研究辨识，这些医书大约有 2.3 万字可以识读。

据考证，这批医书最早可能成书于春秋时期，最晚为秦汉之际。其内容与《黄帝内经》《神农本草经》等典籍相比，更为原始和古朴，是我国目前已发现的最早的医学文献。它们的出土，不仅填补了中国医学史的空白，而且对研究西汉以前医药学的发展，具有极高的价值。

由于汉代求仙思想的盛行，养生之风在社会各阶层蔓延，帛书上便记载了不少美容养颜、养生保健的方法，甚至是优生优育、注重胎教等理念。

总之，马王堆汉墓里的帛书、竹简堪称一部“地下百科全书”，它们可作为校勘传世古籍的依据，不仅是研究历史的第一手资料，也为研究汉代书法及书法演变、发展提供了珍贵的依据。

第三，马王堆汉墓出土了一批不可多得的艺术珍品，比如帛画。

在古代社会，画在帛上的画叫“帛画”，大约兴起于战国时期，兴盛于西汉时期。马王堆汉墓出土了5幅帛画，创作时间都是汉文帝时期（前202—前157），是一种汉代的独幅绘画作品，目前仍然是最早的。其中，锦饰内棺盖上覆盖的T形彩绘帛画，主题为引魂升天，描绘了天上、人间和地下三界的图景，帛画上有墓主人的形象；当时的遣策上称“非衣”，应该属于铭旌一类的东西，出殡时可以作为张举的旌幡，入葬时要覆盖在棺上。另一幅帛画长和宽一样，都是94厘米，画中有100多匹马和200多个人物，共同构成了一支盛大的车马仪仗队伍。

第四，马王堆汉墓出土了我国迄今为止最早的医疗体操保健图——《导引图》。

马王堆3号墓出土的帛画《导引图》，长100厘米，宽50厘米，丝帛质地，在现存与保健运动有关的工笔彩色画中，是最早的。这幅帛画的内容可分为上下4层，共绘有44个人物的导引图式，一个图式为一个人像，图中表现的人物非常齐全，男、女、老、幼都有。这些人像都是工笔彩绘，有的穿衣服，有的裸背。帛画所反映的图式，以徒手操练为主，只有极个别的像是在做机械运动。图的旁边作了术式名的备注，部分文字可以识读。《导引图》涉及龙、熊、猿、猴等八种动物，代表八种健身方式，与五禽戏相近，华佗的“五禽戏”或许就是由《导引图》演变而来。

马王堆汉墓出土的导引术越来越受到医学家、体育学家的重视。英国科学家李约瑟博士提出了一个新观点：早期中国的体操传入欧洲后，西方人加以修改，就形成了西方现代的医疗体操。有些学者甚至认为，“医疗体操的祖国”是中国。

第五，古老的汉代乐器二十五弦瑟等，见证了中国早期律制的发展。

在马王堆汉墓出土的乐器中，二十五弦瑟是一架西汉初期的瑟，非常完整。它是中国目前出土的所属时间最早、最完整的弦乐器。七弦琴、六孔箫等乐器，都是首次发现的西汉时期的实物。还有一套12支的竽律管，分别标明汉初的律名。这些都为探讨中国早期律制增添了新物证。

第六，重量仅48克的素纱禅衣成为汉代织造技艺高度发达的标志。

考古工作者在辛追的墓里，发现了一件直裾素纱禅衣，这件衣服被评为国家一级文物。它是用蚕丝织造的，标志着汉代织造技艺所能达到的最高水平。研究发现，素纱禅衣的衣料是轻薄的没有染色的丝织物素纱，采用复杂的起毛锦，薄如蝉翼，轻若烟雾。

据测量，素纱禅衣长 1.6 米，通袖长 1.95 米，袖口宽 0.27 米，腰宽 0.48 米，下摆宽 0.49 米，共用料约 2.6 平方米，整件素纱禅衣仅重 48 克，除去袖口和领口部分的绢，其余重 25 克左右。

对于这件素纱禅衣的用途，主要有两种说法。一种认为素纱禅衣是一件装饰性的服装，是爱美的墓主人在锦袍外面罩上的一件宽袖大袍。轻薄透明的禅衣，使锦袍纹饰若隐若现，以此衬托锦袍的华美和尊贵。也有学者认为，素纱禅衣是古代妇女结婚穿的礼服之一,一般是在出嫁时当作罩衫使用，套在结婚礼服的外面。

湖南省博物馆（现湖南博物院）曾委托某研究所，依托现代科技，耗费了 13 年时间复制了一件仿真素纱禅衣，重 49.5 克，仍然比马王堆汉墓出土的这件素纱禅衣还要重 1.5 克。可以说，在世界范围内，素纱禅衣是最早出现的最轻薄的衣服，不仅制作工艺精湛，保存得还非常完整。其对中国古代科技发展史、服饰史、丝绸史等课题的研究，都有重大影响。

马王堆汉墓完整地呈现了两千多年前的西汉所流行的生活方式、丧葬观念等等，展现了西汉贵族生活的方方面面，对研究西汉初期科学、医学、经济、文化等方面，具有重要意义。

45 汉代手工业的发展成就

在封建社会里，手工业的规模都非常小，生产工具也很简单。农民把通过劳动获得的农副产品做个简单加工，就可以获得另外一种物品，有的也会制作日常生活用器或劳动工具。这些产品一旦出现剩余，农民就会想方设法把它们卖出去。2000 年前的手工业就是在这种环境下产生的。

汉代是我国历史上非常重要的时期。这一时期，不管是生产规模还是技术，都有了长足的进步，手工业发展取得了巨大的成就。与手工业的成就同步，其他行业也是一片繁荣景象。而古典文献中与汉代手工业发展情况有关的记载相当少。近年来的考古发掘活动，发现了大量的汉代文物，为与汉代手工业发展情况有关的课题提供了丰富的出土资料，弥补了文献记载的不足。

两汉是继秦朝之后的大一统王朝，坚持“以法治国”，国策随着国情的变化而变化。西汉初期以休养生息为基本国策，这才有了历史上著名的文景之治和汉武盛世。西汉后期的昭宣中兴，以及东汉时期的光武中兴、明章之治、永元之隆，为两汉时期各行各业的发展奠定了扎实的政治基础。文学上，汉赋、乐府诗异彩纷呈；史学上，《史记》《汉书》等开创纪传体史书的先例；科技上，蔡伦发明蔡侯纸，张衡发明地动仪、浑天仪等天文仪器；手工业方面，门类齐全，主要有矿冶、木工、皮革、陶器、漆器、玉石器以及煮盐、冶铁、铸钱等十几个部门，对整个社会都产生了深刻的影响。

那么，两汉时期的手工业，都取得了哪些令人瞩目的成就呢？

第一，社会经济发展的基础——冶铁业。

在汉代，冶铁业是农业和一般手工业发展的重要指标。汉代冶铁技术得到了推广和普及，同时期的画像石就能告诉我们汉代冶铁术的发展情况。1930 年，有一块画像石在山东滕县（今滕州）宏道院出土，图中描绘了使用鼓风炉锻打铁兵器的场景。这里的鼓风炉图像，是迄今为止年代最早的。东汉末年文学家陈琳在他的代表作《武军赋》中描写了兵器等内容，反映了冶铁业已广泛应用于军工行业。

据统计，目前已经发掘的汉代冶铁遗址至少有 60 处。其中，河南巩义夹津口镇铁生沟村、河南焦作温县招贤村等冶铁遗址，是在战国原有的基础上发展起来的。

工作人员通过对铁生沟冶铁遗址进行考古发掘，再现了汉代从开矿、冶铁到铸造成器的全过程，为研究汉代冶铁技术提供了重要资料。同时，已经发现的铁器种类涵盖了农业、手工业、军备、日常生活等各个方面。在农业和手工业中，铁制工具已经取代传统的青铜工具，占据了主导地位，由此可见汉代铁器的普及程度。

经专家鉴定，当时的铁器可分为锻件和铸件两大类，以块炼铁为材料的锻件已经达到了钢的标准。并且，在块炼铁渗碳钢的基础上更进一步，已经能用反复锻打的方法制成早期的“百炼钢”（把铁加热到一定温度，然后反复锻打，清除铁中的杂质物，使其组织和成分也在锻打的过程中变得更加均匀、致密）。

以生铁为材料的铸件，除了展性铸铁外，已经出现了“灰口铁”，它的性能更好。

脱碳成钢的方法在西汉中期就已出现了。西汉后期则发明了炒钢，它是用生铁炒炼而成的。

汉代还发明了使用叠铸法批量生产小型器的工艺，它代表了汉代铸铁技术的最高水平。

第二，走入寻常百姓家的行业——炼铜业。

由于铁器、漆器的大量生产，汉代青铜工具已退居次要位置，铜器在人们生活中也不占重要位置，但民间日用器皿和小件用具，皇室贵族所用的奢侈品和宗庙祭器等等，特别是钱币，都需要用大量的铜来铸造，《汉书·地理志》也记录了西汉铜官的设置。

汉代继承发展了先秦时期的冶铜技术，并在一些旧铜矿上继续开发。湖北大冶铜绿山、安徽铜陵金牛洞等地，还是重要的产铜基地。西汉时期开发的铜矿遗址有河北承德、广西北流等矿冶遗址。考古工作人员在承德矿冶遗址发现了矿井、选矿场、冶炼场和居住遗址。

汉代铜器脱离了古拙、厚重的风格，比战国铜器更显灵巧、轻便，适于实际生活的需要，而纹饰也相当简单、朴素。礼器的比重减小，日常生活用具的种类大增。兵器除弩机和矢镞之外，多为铁器所取代。

在生活日用器皿趋向简朴的同时，鎏金和镶嵌花纹的装饰工艺在贵族用器中流行起来，主要是用金银、玻璃、宝石等进行镶嵌。

汉代是我国铜质灯具发展的辉煌时期，数量和式样都非常多，制作时还充分考虑了实用、环保、装饰等方面的因素。灯具主要有雁足灯、鹿卢灯、朱雀灯、高灯、行灯、羊灯、当户灯、器皿形灯、人物形灯、连枝灯等，仅河北满城汉墓出土的灯就有朱雀灯、长信宫灯、羊灯、当户灯等几大类。

汉代也是铜镜制造的鼎盛时期，工艺精巧，镜背装饰图案丰富。西汉前期流行蟠螭纹镜，西汉中期流行草叶纹镜，西汉后期流行日光镜、昭明镜，新莽和东汉初期则流行方格规矩镜，东汉后期流行兽首镜，长江流域甚至还流行神兽镜和画像镜。

第三，迅速发展的漆器制造业。

汉代的漆器，种类多，数量大，质量好，造型精美，是整个漆器制造业发展过程中的巅峰时期。漆器的种类非常丰富，既有饮食器，如鼎、壶、钫、樽、盂、杯、盘等，也有化妆用具，如奁、盒等，还有家具，如几、案、屏风等。现存的汉代漆器大多都是饮食器皿，其他用途的比较少。由于漆器在性能上具有更大的优越性，所以汉代漆器在一定程度上取代了青铜器。

存世的汉代漆器主要来源于古墓，在长沙马王堆、湖北江陵凤凰山、安徽阜阳双古堆、山东临沂、甘肃武威等汉代大墓中，出土了一批非常重要的漆器，为研究汉代漆器提供了重要材料。

研究发现，汉代漆器的工艺技术除了沿袭战国以来的扣器、贴花、金银平脱等之外，新出现了堆漆工艺、锥画工艺和戗金技术。

第四，创新发展的玉器制造业。

汉代初期的玉器主要继承了前一阶段的传统。西汉中期以后，玉器的种类花纹和制玉技术都出现了新的变化，与战国时期有明显的不同。

作为礼器的玉器，种类减少，仅有玉璧和玉圭两种。死者身上用的玉衣等葬玉明显增多。日常装饰用玉相当普遍。最著名的汉代玉器要属金缕玉衣了，它是汉代规格最高的丧葬殓服。河南永城汉梁王墓、河北满城汉墓、河南芒山僖山汉墓、徐州狮子山楚王陵等汉代古墓都出土有金缕玉衣。

与前代相比，汉代玉器既有浅浮雕的作品，也有高浮雕和圆雕玉器，镂空透雕和细线雕刻的花纹普遍增加。汉代玉器制作工艺的典型代表是“汉八刀”。“八刀”是一种刀法简练的工艺风格，最著名的“八刀蝉”就是用平直有力的线条来刻画蝉的形态，寥寥几刀，却十分生动传神。

第五，精美绝伦的陶、瓷器。

釉陶和瓷器是汉代制陶业的两大发明，它们一起代表了汉代制陶业的最高成就。作为汉代陶器的典型代表，铅釉陶的颜色比较丰富，有黄、褐、绿等，是汉代陶艺的一种创新。目前所发现的汉代铅釉陶器都是明器，来源于墓葬。并且，铅釉陶的熔点相对较低，容易烧制。所以，铅釉陶主要应该是作为陪葬品使用的。

青瓷在东汉后期出现，是中国陶瓷史上的重要创新。浙江是汉代青瓷的主要产地，仅上虞一个县，就发现38处东汉时期的青瓷窑。这里的汉代龙窑一次就可以烧上百件瓷器。

与此同时，汉代制陶业的规模不断扩大，陶器除了实用以外，还有大量专门为随葬而制作的明器，比如，汉景帝阳陵等帝王陵中，就陪葬了大量的陶俑、陶马等物。

第六，建筑材料砖瓦。

汉代官营的砖瓦工场非常发达。砖室墓在社会上流行以后，小砖的需求量大大增加，这时出现了真正的砖材建筑，从而使制造砖瓦成为汉代陶业的一个重要方面。和前代相比，汉代砖瓦的制作技术有了改进，除了战国以来的空心砖外，还发明了小型砖，使得当时的建筑水平有了明显的提高。

第七，种类繁多的纺织品。

1972年，马王堆1号汉墓出土了100多件丝麻织品。其中，单幅丝织品46卷，锦袍11件，单衣3件，单裙2件，裹尸锦衾、衣着20层，还有袜子、枕巾等等，比较全面地反映了汉代纺织品的发展水平。

根据有关部门整理研究，汉代丝织品的种类有纱、罗、绢、纨、绮、锦等，现在常见的主要丝绸品种，当时都已具备。东汉时期，除了丝、麻织物，还出现了毛织物、棉织物等品种。

江苏徐州出土的画像石中，有一幅图像表现了家庭纺织生产的场景，学者将这幅画像石命名为《家庭纺织图》。

东汉文学家王逸在《机妇赋》中写道："猛犬相守，窜身匿蹄，高楼双峙，下临清池，游鱼衔饵，瀺灂其陂，鹿卢并起，纤缴俱垂，宛若星图，屈伸推移。"文中描写的应该是花楼和提花机。提花机在汉代画像石中也出现过。这说明，两汉时期已经使用提花机来进行丝织品的生产，它足以代表两汉时期织造技术的发展水平。

第八，中国四大发明之一——造纸术。

我国造纸术始于西汉，考古发现的西汉纸主要有罗布淖尔纸、居延纸、灞桥纸、中颜纸、马圈湾纸、放马滩纸、悬泉纸等。它们大多位于西北地区，以麻絮纸为主。

东汉时期，从蔡伦开始才有了比较完善的植物纤维纸，史学界把蔡伦发明的纸称为"蔡侯纸"。蔡侯纸的价格便宜，原料易得，非常有利于纸的推广，也为古代典籍的流传创造了充分条件。有一些学者甚至认为，只有蔡侯纸才是真正意义上的纸。中国的造纸术发明后，很快便流传到全世界，这深刻地影响了世界历史进程。

根据出土实物情况和现代造纸工艺的分析，可以把造纸的发展过程总结为三个发展阶段，即春秋战国时期的茧絮纸、西汉时期的麻絮纸、东汉时期的蔡侯纸。

46 东汉后士郭壁画墓斗鸡图

斗鸡芥翼争英雄，
双距利刃逞威风。
羽毛飞扬分胜负，
终在纨绔欢乐中。

这是唐代诗人杜甫创作的一首五言律诗——《斗鸡》，生动形象地描写了斗鸡这项娱乐活动。《中国古代风俗百图》中也有斗鸡。有关学者考证，斗鸡是古代中国普遍存在的一项民间娱乐活动，距今已有2800多年的历史。

东汉时期，在今河南新密市区西3.5公里的后士郭村一带，有一座壁画墓。考古工作者将这座古墓命名为“后士郭壁画墓”。墓室中的壁画就反映了这项常见的民间娱乐活动——斗鸡。

1963年7月29日，农民取土时偶然发现了后士郭壁画墓，考古工作者于当年组织开展发掘工作。已发掘的三座墓葬，都是砖石结构的古墓，它们的形制大同小异，都是坐北朝南的格局。墓中的石刻壁画——“斗鸡图”，是我国迄今为止发现的唯一一幅汉代石刻壁画，在美术史上占有重要地位。

“斗鸡图”壁画中有两只公鸡，正振翅俯首准备互啄，而不远处的两位男子，则目睹着这紧张的时刻。

我国驯化斗鸡的历史比较悠久，《庄子·达生》一文中记载:“鸡虽有鸣者，已为变矣，望之似木鸡矣；其德全矣，异鸡无敢应者，反走矣。”这也产生了一个典故，即“呆若木鸡”。相传纪渻子是西周晚期的一位著名训鸡师，专职为周宣王饲养斗鸡。经他驯化的斗鸡，看起来像一只木头做的鸡，却已经达到了斗鸡界的最高境界，可以在角斗场上所向披靡，无往不利。他养的斗鸡在与其他鸡互啄时，能够临危不惧，斗则必胜。

到了春秋战国时期，斗鸡活动在齐鲁大地蔚然成风。据《左传·昭公二十五年》记载:“季氏芥其鸡，郈氏为之金距。”在鲁昭公年间，鲁国的季平子与郈昭伯相约斗鸡。为了获取胜利，季平子给他的斗鸡装上护甲，郈昭伯则给斗鸡的鸡爪套上金钩。结果季平子的鸡落败，他非常生气，一怒之下在郈昭伯的土地上建造了自己的住宅，郈昭伯为此也非常怨恨季平子。此事成为后来鲁国内乱的导火索，史称“斗鸡之变”。

在春秋战国时期的齐国都城临淄，斗鸡之风大盛。《史记·苏秦列传》记载:“其民无不吹竽鼓瑟、击筑弹琴、斗鸡走犬、六博蹹鞠。”

汉唐时期，斗鸡之风更盛，上至皇宫御园，下到庶民百姓，养鸡、斗鸡成了一种普遍的风气。

西汉初年的大臣袁盎，在因病告老还乡后，就以斗鸡、赛狗为乐。

东汉建安年间，曹氏兄弟与当时的名士在国都邺城中宴游，游玩期间举行斗鸡活动，彼此都有同题唱和之作，曹植、应玚、刘桢等人均著有《斗鸡诗》，记述了这场盛事。曹植《斗鸡诗》写道："游目极妙伎，清听厌宫商。主人寂无为，众宾进乐方。长筵坐戏客，斗鸡间观房。群雄正翕赫，双翘自飞扬。挥羽激清风，悍目发朱光。嘴落轻毛散，严距往往伤。长鸣入青云，扇翼独翱翔。原蒙狸膏助，常得擅此场。"

曹魏太和年间，明帝在邺城修筑斗鸡台，后来的赵王石虎也曾在此处斗鸡。

隋唐时期，斗鸡文化达到顶峰，无论是皇室还是民间，都酷爱斗鸡活动。

如唐高宗乾封三年（668），沛王李贤与英王李哲斗鸡，二者互有胜负，斗争非常激烈。当时的沛王府侍读王勃为了给沛王的斗鸡助威，写了一篇檄文，声讨英王的斗鸡，题名为《檄英王鸡》。作为"初唐四杰"之一，诗人王勃是这样描绘整个斗鸡场面的："两雄不堪并立，一啄何敢自妄？养成于栖息之时，发愤在呼号之际。望之若木，时亦趾举而志扬；应之如神，不觉尻高而首下。"

《檄英王鸡》本是尽兴时的戏作，但却把英王气得够呛，并与沛王反目成仇，后经唐高宗李治在中间调停，英王才得以善罢甘休，王勃也因此被免官去职。

而唐玄宗李隆基还是太子时，就十分喜欢在清明时节斗鸡。他在继承大统之后，更是有过之而无不及。

据《东城老父传》记载，唐玄宗在皇宫内修建有规模庞大的鸡坊，用来安置数千只长安雄鸡，包括“金毫、铁距、高冠、昂尾”等不同的种类，光是负责打理的仆从就有500多人。其中有位驯化斗鸡的高手，他就是“神鸡童”贾昌。13岁那年，贾昌在长安的大街上玩弄木鸡，能够达到人鸡合一的地步。这一幕碰巧被唐玄宗看到，于是将他召进宫中，专门负责养鸡事宜。贾昌深得玄宗宠幸，“金帛之赐，日至其家”，以至于世人对其既羡慕又嫉妒，当时的长安流传有一首歌谣：“生儿不用识文字，斗鸡走马胜读书。贾家小儿年十三，富贵荣华代不如。”

每当元宵、清明、中秋等重大节日来临之际，京师都会举行盛大的斗鸡活动，文武百官、后宫佳丽等纷纷到场，围观群众也是摩肩接踵。

鸡坊的斗鸡在贾昌的指引下，进退有序，叼啄有力，不分胜负决不罢休。

到了晚唐时期，皇帝还是酷爱斗鸡，竟因此荒废国事。唐僖宗就因为斗鸡而不理朝政，引发大规模农民起义，后被农民起义军的领袖黄巢驱逐。

与官方组织的斗鸡仅为娱乐不同，民间斗鸡则带有赌博的性质，由此也引发了很多争端。唐代诗人张籍就曾描写过这种场面，他在《少年行》中写道：“日日斗鸡都市里，赢得宝刀重刻字。百里报仇夜出城，平明还在娼楼醉。”

隋唐之后，斗鸡文化逐渐走向衰落，但并没有完全消失。时至今日，仍然可以见到斗鸡活动。

相传，位于山东邹城的斗鸡台遗址是当年郲国（周代的一个东方方国）的王亲国戚斗鸡取乐的地方，故称“斗鸡台”。该遗址位于峄山镇下山村南2公里处，南部紧靠峄山，总面积1.6万平方米。

新中国成立后，在相当长的一段时间内，斗鸡活动都被当成“四旧”，从而被取缔了。后来，各地的斗鸡游艺活动又逐渐兴盛起来。1989年春节期间，中央电视台还转播了在山东兖州举办的首届斗鸡比赛，电视连续剧《孔子》中的斗鸡场面，就出自兖州乐凤斗鸡的表演。斗鸡文化在我国传承了数千年，至今在河南、山东等地依然十分流行。

47 汉化过程中的北魏帝陵

北魏由鲜卑族拓跋氏创建，又叫“拓跋魏”“元魏”，是魏晋南北朝时期北朝的第一王朝，它终结了五胡十六国的混乱局面。

公元 383 年，前秦在淝水之战中战败，拓跋珪趁机复国，于三年后称王建国。534 年，北魏分裂为东魏（高欢控制）和西魏（宇文泰掌控）。北魏立国 149 年，历十二帝、二王。

北魏时期，战乱后的广大北方地区得到恢复与发展，社会趋于稳定繁荣，商业兴盛。著名的云冈石窟和龙门石窟都是北魏时期营建。《齐民要术》《水经注》《木兰诗》《洛阳伽蓝记》等科学或文学作品，也诞生于北魏时期。这些都从侧面反映了北魏的繁荣、稳定与发展。

在整个中国历史中，北魏是一个不能被忽视的朝代，它上承混乱的五胡十六国，下启大一统的隋唐王朝。而孝文帝改革这一汉化运动，更是加速了民族大融合，奠定了国家统一的基础。在某种程度上来说，北魏是中华文明的拯救者与传播者。

孝文帝改革是北魏乃至整个古代中国政治生活中的一件

大事。统治者在修建陵墓时也都始终坚持“汉化”这一基本原则。经过考古调查与发掘，北魏的帝陵主要分布在两个地方，一个是位于平城（今山西大同）的“金陵”，另一个是位于河南洛阳北邙的陵区。

我们来看看北魏的几个重要大陵。

第一，北魏冯太后的陵墓——方山永固陵。

方山永固陵的主人就是大名鼎鼎的冯太后。冯太后是北魏文成帝文明皇后冯氏，孝文帝的祖母。这座陵墓历时 8 年建成，是北魏帝后陵墓中规模最大的一个。临朝称制的冯太后，具有改革家的胆识，绝对不比清朝的孝庄太后差。明朝提督大同军务年富游览冯太后墓后，写了一首《题元魏永固陵》：“云中北顾是方山，永固名陵阙夜关。淑魄已消黄壤下，荒坟犹在翠微间。春深夜半花争放，秋尽祠前草自斑。欲吊香魂何处问？古碑零落水潺湲。”

方山永固陵究竟是一座什么样的陵墓呢？它被世人称赞，是因为它的主人冯太后，还是它本身的魅力呢？

山西大同镇川有一座梁山，梁山古称“方山”，山上有一座陵墓，它就是著名的永固陵，目前已形成了以永固陵为中心的大型陵园遗址。遗址包括冯太后的陵墓、登山御道等遗迹，面积达 2 平方千米。永固陵始建于北魏太和五年（481），太和十四年（490）建成，冯太后死后入葬于此。

1976 年，经过相关单位的调查与发掘，发现永固陵地表仍然有高大的封土，现在的高度达到 22.8 米。坟丘前有环绕回廊的方形佛塔基址和平面长方形的建筑基址。地下部分由墓道、前室、过道和主室等四个部分构成，全长 23.5 米。主室有莲花雕刻，过道也有莲瓣、朱雀等浮雕，墓内有一些石俑、铜簪等随葬品，体现了汉文化的元素。

总体上来看，永固陵陵园是按照中轴线规划布局的，特别是陵园与佛寺相结合的组合形式，在历代帝陵中都很有特色。

除此之外，方山永固陵和孝文帝的寿陵“万年堂”，呈南北排列的模式，结构类似，都建造在方山南部的山顶上，都有高大的封土堆，且建在山顶的玄武岩上。并且，南部的永固陵比“万年堂”大。

第二，孝文帝拓跋宏死后的归宿——长陵。

孝文帝是北魏王朝的第七位皇帝，在中国历史上是排得上名号的政治家、改革家。公元 499 年，孝文帝死于谷塘原行宫，年仅 33 岁，谥号孝文，庙号高祖，葬于长陵。

长陵位于河南洛阳孟津官庄村东部。2004 年，经过调查和钻探，考古工作人员发现了长陵陵园遗址。调查证实，孝文帝长陵的陵园制度与文献记载基本吻合。

研究发现，孝文帝长陵具有如下三个特点：

（1）长陵陵园平面接近方形，陵园四周构筑有夯土城墙，城墙外侧挖建壕沟；

（2）在夯土城墙的正中部位设置陵门，保存较好的南门是 3 道牌坊式的城门；

（3）陵园内有两座陵冢：一座帝陵，一座后陵，帝、后异穴而葬。帝后陵冢的平面都是圆形的，帝冢大于后冢，帝冢居于陵园南北中轴线的偏北部，墓道向南，陵冢南面有神道，神道两侧有石翁仲（帝后或大臣墓前的石人像，也叫“石像生”）。帝后陵冢东南方有建筑基址，可能与祭祀有关。

孝文帝的长陵陵园所体现的陵墓制度要素，有甚多与中原地区陵寝制度相似，它与洛阳北邙地区的东汉帝陵有明显的继承关系。但是，陵园内的建筑在陵冢的东南而不是东侧，则不同于过去。总之，孝文帝长陵奠定了北魏迁洛时期帝陵制度的基础，代表了北魏帝陵体制的新发展。

第三，北魏宣武帝元恪的景陵。

宣武帝是北魏王朝第八位皇帝，孝文帝的次子。他在位期间，扩建洛阳城，巩固汉化基础，向南朝发动一系列战争，攻取汉中之地，向北攻打柔然，国势盛极一时。公元 515 年，年仅 33 岁的宣武帝死于式乾殿，庙号世宗，葬于景陵。

景陵位于洛阳市北 8 公里处的邙山上，坐落于邙山顶部，是一座气势宏伟的大型帝王陵。正是由于景陵的存在，景陵西边的村庄便被命名为“宣武村”，后改为“冢头村”。

景陵平面大致是圆形的，有高大的夯筑封土堆，是凸字形单室砖室墓。它由墓道、前甬道、后甬道、墓室四部分组成。大致成方形的墓室位于最北端，东半部摆放随葬品，西半部用来放置石棺床，石棺床是用 15 块方形石块拼砌而成的。考古工作人员发现，景陵内陪葬的器物，绝大部分已被盗。

研究发现，北魏帝陵的墓葬形制一般都是带有前后室的双室墓，后室平面接近方形，四壁略向外弧突，四角攒尖顶，墓内没有壁画。北魏迁洛之前的帝陵，都是聚族而葬，各代帝陵在一个地方；历代帝陵的排葬方式是以父子辈夹处左右，兄弟行并排成列。

平城时代的“金陵”制度，从冯太后开始有了变化。北魏建造大规模的陵园始自冯太后，她创立了一套将鲜卑文化和汉文化相结合的陵寝制度，代表着一个重要的转折时期。

一方面，冯太后继承了鲜卑族凿石为祖宗之庙的遗风；另一方面，帝陵又采用了自东汉以来在墓前建筑石殿、石阙的方式。此外，帝后陵寝借鉴了佛教的信仰力量，将佛堂、祠庙、斋堂结合在一起，开后代在陵区建造佛教建筑的先河。北魏帝陵也恢复了陵寝制度和举行上陵的礼仪。

北魏迁都洛阳以后，陵墓制度再起变化，主要表现为以下三点：

（1）墓冢由方形变为圆形；

（2）由只在墓门雕刻武士像或在墓内随葬武士雕像，演变为在墓冢前方树立大型武士雕像；

（3）墓室改为单室，地面陵园建筑大体继承了中原地区汉晋时期的帝陵制度。

历代帝王都十分重视陵墓的修建。从北魏帝陵设计融入汉文化元素我们可以看到孝文帝推动汉化改革的决心、推动大一统的高瞻远瞩的智慧，以及他对中国古代历史发展所作的贡献。

48 昭陵六骏的命名

昭陵六骏是6块大型的浮雕石刻，位于唐太宗昭陵北司马门内。唐朝在雕刻六骏时，都选用了精细石材，大小是一致的，长度大约为2.04米，宽度大约为1.72米，厚度有0.4米左右。它们的刻制，是为了纪念六匹随唐太宗征战疆场的战马。相传，画家阎立本绘制了昭陵六骏的图像，工艺家阎立德依据图像进行雕刻，书法家欧阳询则在6块石像的顶角处，用篆书镌刻“六马图赞”诗，该诗是由唐太宗所作。

昭陵中为后人设置了一处祭坛，祭坛前有一座白石台基，六骏石刻原本就是在此地安置的。后世整修时将它们移到了东西两庑，西侧依次是“飒露紫”“拳毛騧”“白蹄乌”，东侧则是“特勒骠”“青骓”“什伐赤”。在西安碑林博物馆的展览中，是这样介绍昭陵六骏的：

特勒骠：毛黄嘴白，突厥所赠。李世民平定宋金刚时所乘。

青骓：苍白杂色。李世民平定窦建德时所乘。

什伐赤：来自波斯的枣红马。李世民与王世充、窦建德作战时所乘。

飒露紫：毛色紫红，奔驰如风。李世民平定东都击败王世充时所乘。

拳毛騧：毛黄卷曲，嘴黑。李世民平定刘黑闼时所乘。

白蹄乌：通体纯黑，四蹄雪白。李世民平定薛仁杲时所乘。

六骏的名字，来源于突厥语，读起来十分拗口。据考证，至少有四骏属于西域的突厥马系，它们都是优良马种，在中原的战场上参加了很多惊心动魄、血雨腥风的大战。那么，昭陵六骏是如何命名的？它们的名字又有哪些来历呢？

第一，四蹄皆白的纯黑色战马——白蹄乌。

作为一个颇有统帅之才的军事天子，李世民崭露头角时，陪伴他的是白蹄乌。白蹄乌的四只马蹄都是白色的，其他地方都是纯黑色的，李世民与薛仁杲开战时乘坐的就是这匹战马。在追击薛仁杲大军时，李世民骑着白蹄乌冲在最前面，狂奔200多里，以薛仁杲的投降而结束。石刻中的白蹄乌，身上没有箭伤，它可能是因为长途跋涉力竭而死。

这匹四蹄皆白的纯黑色骏马为什么叫“白蹄乌”？著名学者葛承雍经过研究认为：白蹄乌作为拥有赫赫战功的唐太宗的坐骑，彼时李世民被称为“天可汗”，所以白蹄乌不足以说明李世民所取得的丰功伟绩。这匹战马的命名还有其他含义，葛承雍说：“‘白蹄’二字来源于突厥语‘bota’，意思是幼马或者幼骆驼，指的是‘少汗’。那么‘白蹄乌’应是一匹冠以突厥语‘少汗’之意的荣誉性专名的坐骑。”

通常情况下，给战功赫赫的骏马取名时，都会加上高贵的官号或赞美的词语，这种做法是突厥人经常使用的，主要针对突厥首领的坐骑而言。当然，唐朝人在歌颂明君贤臣的时候，也喜欢采用这种方法。所以，突厥语“bota”（少汗）应该是汉语“白蹄”的真正含义。

第二，功勋卓著的汗血宝马——特勒骠。

特勒骠是李世民与宋金刚大军作战时的坐骑。宋金刚是刘武周的大将，与之开战是唐为了收复河东失地、消灭刘武周的势力。这匹战马载着李世民屡立战功，最终平定了宋金刚的势力。

“特勒”在突厥汗国是一种高级官号，只统部落，不领兵马。唐太宗用突厥的官号“特勒”给自己的坐骑取名，不仅赞美了宝马，还彰显了自己足以彪炳千古的战绩。

突厥也流行把王室子弟称为“特勒”，所以，骏马“特勒骠”也可能是突厥可汗的一个子弟进献的。

从石刻上看，“特勒骠”的形象是精壮的，肚子小，腿长，其特征与锡尔河流域的大宛马类似，汉代著名的汗血宝马指的就是它。所以，隋唐时期的中原人常常费尽心思地寻找特勒骠这种类型的骏马。

第三，唐太宗人生中最凶险一战的见证者——飒露紫。

李世民东征洛阳，攻打王世充大军时，乘坐的宝马就是飒露紫。专家认为，“飒露”一词来源于突厥语，将“飒露”的读音还原为唐代域外的非汉语词汇时，与其对应的是“沙钵略”和“始波罗”。

在突厥人的风俗习惯里，他们称赞领袖或勇敢健壮的人时，常常使用“沙钵略”和“始波罗”，突厥汗国的高级官号中就有“沙钵略”和“始波罗”。用突厥汗国的荣誉称号和高级官号来称唐太宗的坐骑，既符合对突厥汗国“勇健者”的赞颂，又能表达唐太宗李世民征战疆场的丰功伟绩。

所以，“飒露紫”这三个字的含义可以理解为“勇健的紫色骏马”。

在与王世充大军的混战中，李世民被敌军团团包围，幸得丘行恭急救。丘行恭从“飒露紫”胸前拔出箭矢，保护李世民杀出重围。为了记住这人生中最凶险的一役，李世民将丘行恭为“飒露紫”拔箭的一幕定为永恒。“飒露紫”在昭陵中的位置是西侧南端第一个，是“昭陵六骏”之首。在昭陵六骏石刻中，只有“飒露紫”的雕像上面刻有人像，这个俯身为骏马拔箭的人就是唐初大将丘行恭。

李世民为飒露紫作的题赞是：“紫燕超跃，骨腾神骏，气詟山川，威凌八阵。”最后一句，既是称赞骏马，也是称赞人。

第四，在冲锋陷阵中身中五箭的汗血宝马——什伐赤。

什伐赤是一匹红色的骏马，来自波斯。李世民在攻打洛阳的武牢关（虎牢关，李世民祖父名虎，因避讳而改为武牢关）时，与王世充、窦建德所率大军展开大战，骑的就是什伐赤。当时，李世民率领3500人为前锋，强占武牢关，阻止窦建德领军西进。从石刻上来看，什伐赤身中五箭，都在骏马的臀部，其中有一箭是从后面射来的，可见是在冲锋陷阵中受伤的。

关于什伐赤的名称，日本学者原田淑人认为："什伐"或可译作"叱拨"，是波斯语"阿湿婆"的缩译，即汉语"马"的意思。唐太宗为其题的赞语是："瀍涧未静，斧钺申威，朱汗骋足，青旌凯归。"赞语中的"朱汗"二字表明，什伐赤应该是一匹汗血宝马。

第五，唐朝统一天下的关键一战的亲历者——青骓。

青骓是一匹苍白杂色骏马，可能是来自西方东罗马帝国的骏马（唐朝时，东罗马帝国是指"大秦"国）。在武牢关之战中，李世民乘坐青骓，率领3000铁骑追击敌军30里后，唐军斩杀敌军3000多人，俘虏5000多人，包括受伤的窦建德。武牢关大捷后，王世充坚持了八个月就献城投降了。

"青骓"中的"青"，来源于突厥文"cin"或"sin"，在汉语中写为"秦"，"秦""青"同音，故称之。骓字从马，从隹，隹亦声。"马"与"隹"联合起来表示"顶级宝马"。

李世民给青骓题写的赞语为："足轻电影，神发天机，策兹飞练，定我戎衣。"前三句形容马的矫健快捷，后一句道出武牢关大捷的关键性意义，即唐朝统一天下的关键一战。

第六，武牢关进马的主角——拳毛䯄。

拳毛䯄原名“洛仁䯄”，是李世民平定河北，与刘黑闼在洺水作战时所乘的一匹战马。李世民在攻打武牢关时，代州刺史许洛仁为表忠心，献给李世民一匹战马，这匹马最初就用许洛仁的名字命名，称“洛仁䯄”。许洛仁死后，皇帝给他殊荣——陪葬昭陵，他的后人将武牢关进马之事刻在他的墓碑上。这匹战马全身都是卷曲的旋毛，就有人据此将其称为“拳毛䯄”。

《北史》中记载有“权于麾国”，而“拳毛”用突厥语翻译，译名应该是“权于麾”。“权于麾”是西突厥控制下的一个小国，“䯄”是指黑嘴的黄马。因此，拳毛䯄也有可能来自“权于麾国”，或者是一匹与“权于麾国”的种马通过人工杂交方式培养出来的大良马。李世民正是骑着它平定了河北刘黑闼的反叛。

由唐太宗李世民组织创作的浮雕“昭陵六骏”，是以李世民所骑之马作为象征，用来表现唐王朝在统一战争中所发生的重大历史事件。它们并不只是用来纪念 6 匹征战沙场的战马的，还有展示唐太宗的赫赫战功、铭记历史等更深层次的含义。

49 两宋特有的皇家丧葬礼俗：葬前展览

在中国古代史中，宋朝可以分为北宋和南宋两个时期，是一个承上启下的朝代：上承五代十国（中国历史上的一段大分裂时期），下启元朝（由蒙古人建立的大一统王朝），共历 18 帝，享国 319 年。宋朝皇陵主要有两处，分别是河南巩义的宋陵（北宋帝陵）和浙江绍兴的宋六陵（南宋帝陵）。

巩义宋陵是北宋皇帝及陪葬宗室的陵寝，占地面积约 156 平方千米，南有嵩山，北有黄河，这一点与其他陵墓的“背山面水”是刚好相反的。北宋共有 9 位皇帝，但宋徽宗和宋钦宗的陵墓不在此处，赵匡胤的父亲赵弘殷的陵墓却在此处，所以北宋皇陵又称“七帝八陵”。据统计，围绕 8 座陵墓的，还有 300 多座陪葬墓，既有皇后陵等皇族的墓葬，还有良臣名将的陪葬墓。像寇准、包拯等家喻户晓的大臣的墓葬，自然也在其中。巩义宋陵开创了几种陵墓制度的先河，体现了皇家特有的等级森严、尊卑有序，形成的皇家丧葬文化具有鲜明的特色。

宋六陵是南宋皇帝和皇后的陵园，占地 2.25 平方千米，因攒殡南宋六帝而得名，位于浙江绍兴镇宝山南麓，与绍兴市区仅相距 18 公里。宋六陵不仅是南宋六帝的陵寝，还有北宋的宋徽宗陵、宋哲宗皇后陵、宋徽宗皇后陵、宋高宗皇后陵，每座陵寝都设有上宫和下宫，结构完善，功能齐备。宋六陵既继承了北宋皇陵的陵墓制度，又具有一定的开创性，对明清时期的皇陵制度产生了重要影响。

宋朝皇陵这么多，北宋南宋的还不在一处，却都有一个独特的丧葬习俗，就是葬前展览，也就是俗称的“晒葬品”。在讲解“葬前展览”之前，我们先来了解一下宋陵中的陪葬品。

通常情况下，宋代皇陵中一般有三大类陪葬品，一是皇帝生前使用过的生活物品，二是皇帝生前喜爱的收藏品，三是根据帝王葬礼，必须要使用的金、银、玉等质地的明器。事实上，宋代的皇陵一般都是皇帝驾崩后才开始营建的，由于时间有限，随葬品往往也是临时置备的。

根据《宋史·礼志·上陵》的记载，宋朝的开国皇帝赵匡胤在永安（今巩义）改葬他的父亲赵弘殷时，便使用了帝王等级的随葬品，梓宫（棺材）用铁帐覆盖，棺下垫有棕榈褥（在当时规格很高），还有铁盆、燃漆灯。在地宫，配置有十二生肖俑（十二神），此俑 12 件为一组，还有地轴及留陵刻漏、墓仪俑等等。墓仪俑又叫“祖明”“祖思”“当圹”“当野”等，它们的作用是守卫皇陵。

赵弘殷陵墓里的随葬品，在当时是标准配置，宋朝的皇陵中都会有这些。标准配置相对来说就简单了，只要执行就好。因为赵弘殷生前没有当过皇帝，死后被赵匡胤追封，史称“宋宣祖”，他陵墓里的随葬品自然都是他的儿子当了皇帝后，孝敬他的。

真正的皇帝死后，随葬的东西非常多，比如永熙陵的主人——宋太宗赵光义。赵光义本名赵匡义，为了回避他的哥哥宋太祖赵匡胤的名讳，就改名为赵光义，做了皇帝后又改名叫赵炅。赵光义当上皇帝后，集中各方力量，打败了北汉，基本完成了统一全国的任务，从而巩固了宋朝的中央集权统治。作为北宋的第二位皇帝，赵光义在位期间，很有一番作为，他死后，葬礼非常隆重，当然，陪葬品也是非常丰厚的。

至道三年（997）三月，赵光义病死于汴京城（今河南开封）的万寿殿，葬于永熙陵。其第三子赵恒继位为宋真宗。为表孝道，宋真宗为赵光义建造了一个高大宏伟的陵墓。永熙陵的地宫向下挖了40米，远远超过了一般陵墓的20—30米深度。永熙陵是宋代陵墓中最大的帝王陵，从神道处的鹊台到神坛，全长约586米，地上有上宫、下宫、宫城和陵台（坟丘）等建筑群。

当年十月初三下葬那天，护送灵车的人，除文武大臣外，还有仪仗、护灵军、役夫、宦官等共11000多人。永熙陵陵区的规制也很宏大，有4000多亩良田，帝陵的四周种满了松树、柏树、枳树、橘树等树木和四时花卉。随葬物品有珠襦（玉衣）、玉匣、弓剑、笔砚、琴棋等物，还有大量的珠宝及赵光义生前喜爱的服饰和佩戴之物。宋真宗给永熙陵安排的守陵人员面面俱到，不仅有妃嫔、宫女、太监、杂役等人员，还有 500 人的护陵军常年驻守。

永熙陵祔葬有 3 座皇后陵，其中一座是元德皇后李氏陵（李氏是宋真宗的生母），此陵在历史上多次被盗。1984 年秋天，河南考古部门对元德皇后陵进行了抢救性考古发掘。元德皇后陵是一座仿木结构的单室砖墓，地宫虽然被盗墓贼多次光顾，但出土的残缺随葬品却很少。这些随葬品经过修复成型后，可以分为玉器、瓷器、石器、铜器、铁器和木器等六大类，共有 181 件，其中以玉质谥册和哀册、越窑秘色青瓷和定窑“官”字款白瓷最有价值。

接下来，我们再来看一下什么是葬前展览。葬前展览就是把给死者准备的陪葬品，在入葬前进行展示，朝中文武大臣都要前来观看。

据统计，宋真宗永定陵中的随葬品，就“晒”过两次，《宋史·礼志·上陵》记载，第一次晒随葬品是收殓时。宋真宗享年 55 岁，是乾兴元年（1022）二月十九日去世的，三天后的二月二十三日，先帝的服饰器用、玩好之物，以及珠襦、玉匣、含、襚（殓服）等应该放入梓宫中的一应物品，都在延庆殿中放置，召集辅臣一起观看。“晒”后的次日，再将遗体收殓入棺。

第二次“晒”随葬品，是在当年的九月十一日。当时宋真宗的陵墓已经建造完毕，在梓宫下葬前，皇家宣召文武大臣聚集在会庆殿，观看入皇堂的随葬器物，这里的皇堂就是皇帝的墓室。这些随葬品都是宋真宗生前喜好和使用之物。

根据皇家葬俗，这些要进入地宫的随葬品，属于棺外之物，要在“晒”过之后，分类集装到不同的箱子里，最后在地宫内放置棺椁的宝床上和相应的厢房中放置。

宋真宗生前收集了很多珍贵的古籍善本，在展示随葬品时，继位的宋仁宗似乎舍不得让它们随葬，便召集文武大臣商议这些古籍善本的处理事宜。大臣很明确地对宋仁宗说：“这些都是真宗尊奉天道所获的天赐之物，这份吉祥是属于他的，不能留在人间，而应该随葬放在陵内。”事已至此，宋仁宗只能采纳大臣的意见，将这些善本古籍送到长春殿，在梓宫向陵区启运前，把它们先送到了地宫。后来，因为陵墓被盗，这些古籍全部下落不明，是毁坏了还是被盗了，是否还存在，这些都成了待解之谜。

50 汝窑为魁，汝瓷是冠

“雨过天青云破处，这般颜色做将来”，这是宋徽宗对于理想瓷器的要求，而如梦似幻的汝官瓷，正是根据这一“指示精神”创造出来的。宋徽宗的追求，不知难倒了多少工匠，但工匠们最后还是把他的梦想落到了实处：汝官窑烧制的瓷器，骨胎坚硬，与天一色，含水欲滴，釉带斑斑小点，在光线下观察，是“七彩纷呈，灿若星辰”。

人们常说：“天下名瓷，汝窑为魁。”北宋流传后世的有五大名窑，分别是汝窑、定窑、钧窑、哥窑、官窑，有三个名窑的窑址是在河南地区，汝窑位居第一。

因为汝瓷稀少，著名书画大师李苦禅曾说：“天下博物馆，无汝(瓷)者，难称尽善尽美也。”在民间，更有“纵有家产万贯，不如汝瓷一片(件)”的说法。

汝窑创烧于北宋晚期，所烧制的瓷器都是供给宫廷御用的，因窑址所在地在宋时被称为汝州而得名。在今河南省宝丰县大营镇清凉寺村和汝州市张公巷两地都发现了汝窑。北宋后期，皇室垄断了汝窑，汝窑所烧瓷器仅供皇室，这就是著名的“汝官瓷”的由来，简称“汝瓷”。

“蝉翼纹的细小开片”是汝瓷外表最突出的特色，人们常用“梨皮、蟹爪、芝麻花”来形容汝瓷的基本特点，用“似玉、非玉、而胜玉”来称赞神奇玄妙的汝瓷。宋代以来，宫廷汝瓷大多都是皇宫内库所藏，拥有者视若珍宝，可以与商周青铜器比肩。

北宋政治家、文学家欧阳修在《归田集》中明确指出汝瓷究竟美在哪里：粉翠色或翠青色的釉就是汝瓷最美的地方，它的瓷色没有完全瓷化，略微有玻化的痕迹。

南宋学者周煇也发表过类似观点，他在《清波杂志》中指出：汝瓷以釉取胜，同代青瓷不能同比，真品釉色青中泛蓝、纯净、温润，釉面隐现出一种柔和含蓄的光泽，这与钧瓷的乳光和哥窑的脂光都不一样，汝瓷的光泽内敛，犹如古玉一般。

明代学者高濂在他的著作《燕闲清赏笺》中，讲解得更为详细：汝瓷的釉中加入了玛瑙末，厚厚的釉就如堆积的凝脂，形成了天青、天蓝、粉青、葱绿等釉色，釉上面还有若隐若现的蟹爪痕，天蓝色釉弥足珍贵，粉青色釉是上等之作。

有人曾这样总结汝瓷的特点：“青如天，面如玉，蝉翼纹，晨星稀，芝麻支钉釉满足。”为了烧出这种高标准的汝瓷，所选用的原料非常讲究，以石英、高岭土、黏土等原料为主；加工流程也比较复杂、烦琐、精细。首先，用传统工艺将原料加工成泥料、釉料，再经过捡选、漂洗、破碎、研磨、陈腐等工序。其次，主要用手工拉坯、雕刻、捏塑、拓坯成型等四种工艺来成型。最后，烧制成器，先安排坯胎经过 800℃左右的素烧，再用浸釉法施釉，根据制品色泽的要求，可以酌情进行一到两次的施釉工序，最后将之放在还原焰中烧制。

汝官瓷质量如此高，自出现起就得到皇室贵族、高官等社会上层人士的喜爱。它的制造工艺极其复杂，工艺要求也很高，兼之“物以稀为贵”，所以，汝官瓷的数量极少。

随着金兵南下，北宋灭亡，创烧仅 20 年的汝窑也随之湮没在历史中，汝瓷烧造技术至此失传。

明清时期，景德镇成为御窑厂，那里汇集了整个中国最优秀的工匠。由于皇帝们的喜好，景德镇御窑厂烧制了很多北宋五大名窑的瓷器。其他四大名窑，都曾仿得有过之而无不及，唯独汝官窑没能仿成。

在北宋五大名窑中，其他的官窑，都很容易找。但汝窑，就是找不到。它是官窑，它是机密，地表上见不到标本，连瓷片儿都没有。但是，众多考古工作者经过不懈努力，终于找到了。

1985 年，消失近千年的汝官窑终于露出了蛛丝马迹：宝丰县清凉寺一户农家的红薯窖塌了，露出了一个完整的汝瓷洗，而这件事，又偏偏被一位有心人——当时在陶瓷厂从事专业陶瓷研究工作的王留现碰上了。经鉴定，它是汝官瓷作品！

2000 年 6 月，河南省文物考古研究所在宝丰县清凉寺汝窑址进行发掘，发现 15 座窑炉，还有作坊、过滤池、釉料坑等遗迹遗物。除此之外，还有一批天青釉汝瓷和匣钵、垫饼、垫圈等窑具。至此，千年前汝官窑窑址，终于重现天日。

汝窑瓷器非常稀少，在南宋时就已经是稀有的存在。目前，全球仅有不到10家博物馆藏有汝窑瓷器。

天青釉弦纹樽、天青釉三足樽承盘、天青釉碗、天青釉盘等文物，都是宋汝瓷中的佼佼者，现收藏于北京故宫博物院。

这里不能不提到一件河南博物院的藏品，即著名的汝官窑天蓝釉刻花鹅颈瓶，它号称“中国之冠”。

1987年，天蓝釉刻花鹅颈瓶在汝官窑遗址考古发掘中与世人见面了。它是唯一一件完整的天蓝釉汝窑瓷器。据测量，该瓶高19.5厘米，口部直径5.6厘米，底部直径8.2厘米。造型秀丽，釉面光亮，瓷器表面用若隐若现的刻花进行装饰。

“天下名瓷，汝窑为魁”，在所有的著名瓷器中，汝窑瓷器排在第一位。而天蓝釉刻花鹅颈瓶，则是第一中的第一。它来自于汝官窑遗址，是考古工作人员通过发掘官窑遗址获得的（目前国内只此一件）。不仅如此，国内目前只有一件刻花瓷器。“两个唯一”决定了它在中国绝无仅有的地位，决定了它稀有和珍贵的程度。

时至今日，现存汝官瓷的传世品非常少，全球收藏的总数不会超过150件。在它们之中，弥足珍贵的天蓝釉瓷器，仅仅5件。而刻花的天蓝釉瓷器，只有河南博物院收藏的这件天蓝釉刻花鹅颈瓶。同样的瓷器，用刻花装饰的更珍贵，更何况它是唯一的一件。

每一件汝官瓷，都是稀世珍品；而汝官窑的神秘消失，更让汝官瓷传世珍品身价陡增。

1992年，一件直径8厘米的汝窑小盘在纽约拍卖出154万美元的价格。而汝窑三牺尊以5000万港元的价格在香港拍卖，价格之高，震惊了所有人。

2012年4月4日，香港举办了一个盛大的拍卖会——“中国瓷器及工艺品拍卖”，北宋汝窑天青釉葵花洗在拍卖会上是重量级的拍品，距今大约有1000年的历史，最终以2.0786亿港币的价格成交，在世界范围内刷新了宋瓷拍卖记录。

汝瓷，如谦谦君子，温润如玉，美得内敛而不张扬。它是一个不可逾越的神话，令人心驰神往。